新しい体幹の教科書

面白いほど
パフォーマンスが
上がる

林英祐
柴雅仁
著

池田書店

ダの機能はこんなに変わる!

ただいた方々から届いた、実践してみた感想を紹介します!

サッカーでの力みのないプレーに自分でも納得!

大学のサッカー部でプレーしていますが、プレー中にどうしても力が入ってしまい、十分な力を発揮できないと感じていました。ですが、体幹のレッスンを受けてからは、力の抜けた納得のいくプレーができるようになりました。カラダを使いこなせていないスポーツ選手にオススメです！（21歳男性）

テニスのフットワークが軽くなった!

テニスをしていますが、疲れてくると身体が重くなってくるため、もう少し機敏に動きたいと思っていました。体幹がうまく使えるようになってからは、身体が重くなることが少なくなり、フットワークも軽くなりました。スポーツを上達したい方にオススメしたいです！（33歳女性）

サーフィンでの持久力が上がったら日常生活もラクに!

サーフィンをする際、カラダにムダな力が入ってしまい、すぐ疲れてしまうのが悩みでした。ところが、新体幹メソッドを実践してみたら疲れを感じにくくなり、日常的にもカラダが軽く感じるようになりました。慢性的に疲労を感じている方にもオススメです！（45歳男性）

「使える体幹」体験者の声!

知らなかった!? 体幹を使えばカラ

本書で解説する「使える体幹」の新メソッドに取り組んでい

これまでできなかった ヨガのポーズが、 できるようになった!

今までずっとできなかったポーズがあるんですが、新しい体幹のレッスンを受けた後は、力みが抜けて自然とできるようになりました。カラダの根本的な使い方を知ることができたので、ほかの運動に取り組むときにも改善されているのを感じています。(42歳女性)

競技ダンスでの 腰を反るクセが改善した!

競技ダンスをやっています。綺麗な姿勢をとろうとするときに腰が反ってしまうことが悩みでしたが、新しい体幹のレッスンを受けてからは、ムダな力みが減り、ラクに姿勢を整えられるようになりました。動きも以前よりスムーズになったと実感しています。(32歳男性)

普段の 生活での動きが ラクになった!

少し歩くだけで疲れたり、長時間立っていると足腰が痛くなったりするようになったこともあり、新しい体幹のレッスンを受けてみました。初めはできているのかどうかよくわからなかったのですが、今では疲れやすさや足腰の痛みも改善されてきています。(52歳女性)

「体幹」は鍛えても、使えなければ意味がない！

皆さんは、体幹トレーニングに対して、どのようなイメージを持っていますか？　体幹とは、手足を除いた胴体部分のことです。「腹筋や背筋、大胸筋、大殿筋などを鍛え上げ、ブレずに安定した体幹をつくる」。いわゆる「**体幹をしっかり固める**」ことで、運動のパフォーマンスを上げるというようなイメージを持っている方が多いと思います。では、その結果、パフォーマンスが上がった実感はありましたか？

　正直、体幹を鍛えた実感はあっても、それを**具体的なパフォーマンスに結びつけることができたかどうかはわからない**という方がほとんどでしょう。

　それは、なぜか？

体幹の「使い方」を知らないからです。それがわからなければ、具体的な動作に落とし込むことができません。しかも、体幹を固めてしまうことで、まるで硬い鎧を装着したまま動いているような状態になってしまいます。

体幹は、あらゆる運動の起点となる重要なパーツ。運動のエネルギーを生み出し、四肢（手足）と連動することで、最大のパフォーマンスを発揮させることができます。つまり、**体幹は、しなやかに動き、正しく使いこなせなければ意味がない**のです。そこで、本書では、体幹を最大限に使いこなす方法を解説。これらを理解することで、カラダを動かす感覚が、劇的に変化することでしょう。

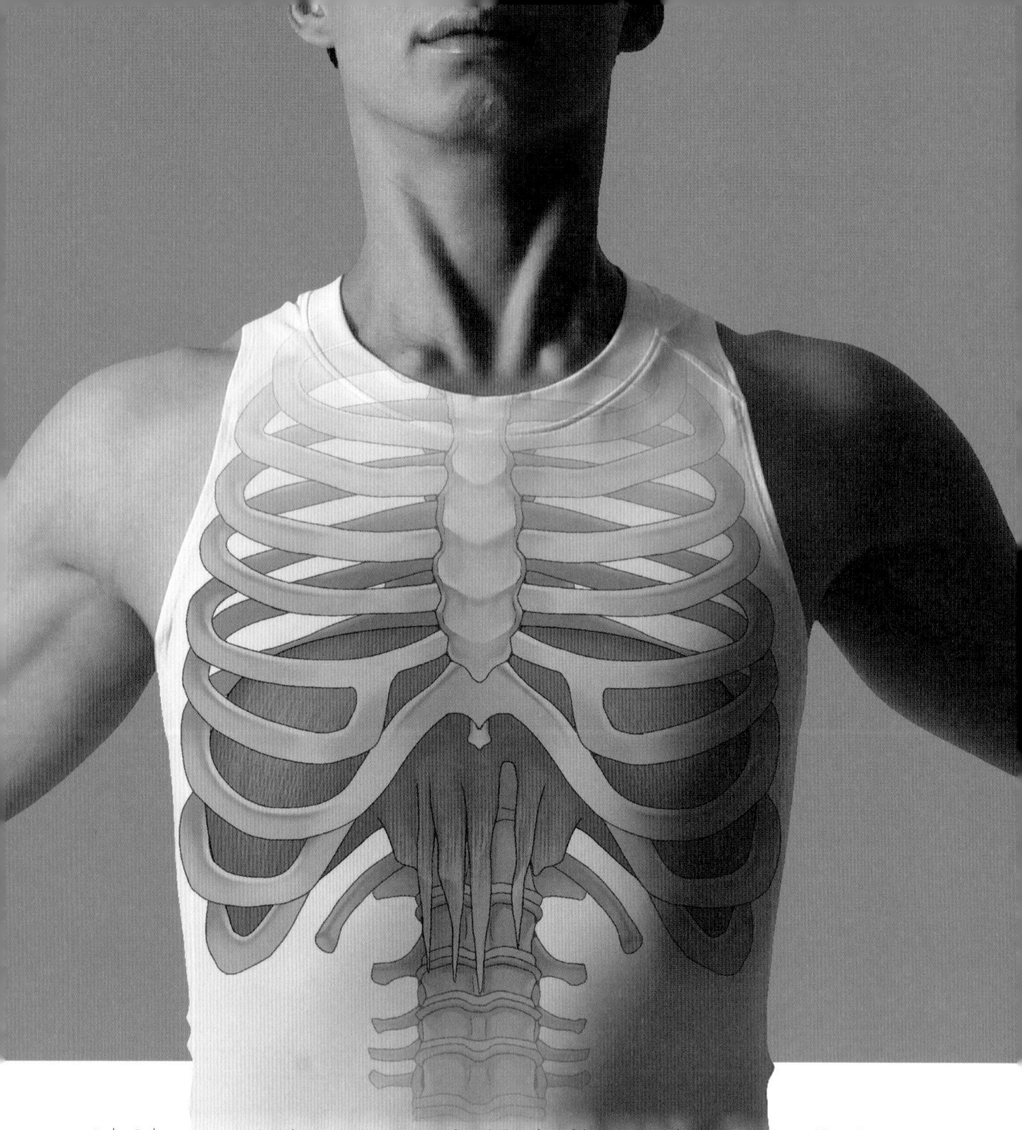

あらゆる運動で、最大のパフォーマンスを発揮するためには、体幹を自在に使いこなす必要があります。

では、そのためには、どうすればいいのでしょうか？

まず、意識したいのが、**「インナーマッスル」**というカラダの深層にある筋肉です。体幹トレーニングというと、腹直筋や脊柱起立筋といった表層の筋肉（アウターマッスル）を鍛えるイメージがありますが、それは外側だけガチガチに固めていることと同じ。アウターマッスル優位では、しなやかな動きにつなげることは困難ですし、負担が集中して効率性も低下します。

カラダの深層にある**インナーマッスルを活性化させ、より骨格に近い筋肉で動作を**

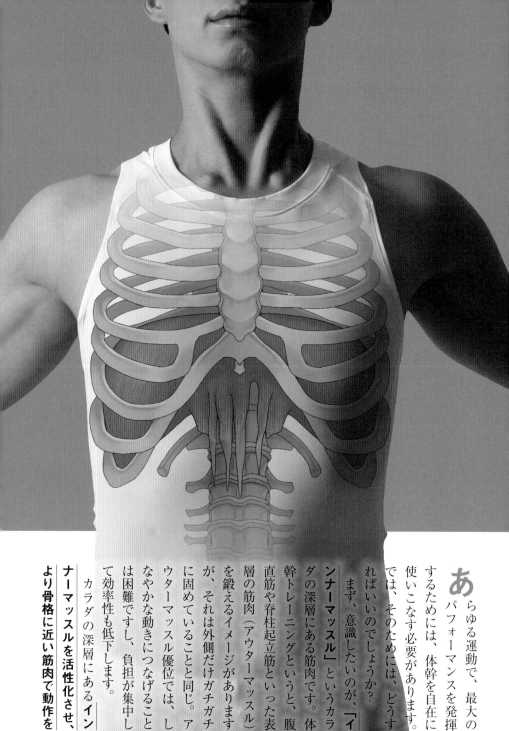

「横隔膜」で体幹の機能が変わる！

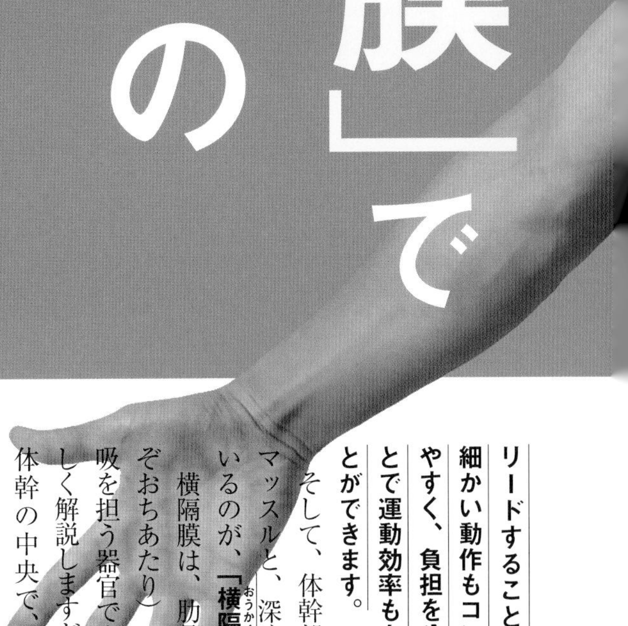

リードすることができれば、細かい動作もコントロールしやすく、負担を分散させることで運動効率も向上させることができます。

そして、体幹部のインナーマッスルと、深く結びついているのが、**「横隔膜《おうかくまく》」**です。横隔膜は、肋骨の下部（みぞおちあたり）に位置する呼吸を担う器官です。本編で詳しく解説しますが、横隔膜は、体幹の中央で、上下のインナーマッスルとつながっています。つまり、**横隔膜をコントロールすることで、体幹内部のインナーマッスルを連動させ、カラダの動きの質を高めることができる**のです。横隔膜を中心とした体幹のコントロールが、最高のパフォーマンスを生み出します。

「クロスポイント」で体幹に「軸」を通すべし！

基本的に、アウターマッスルは力が強く、表層にあることで意識を向けやすいため、使いすぎの傾向にあります。一方で、深層にあるインナーマッスルは、表面的な刺激を感じにくいということもあり、活用されずにいることが多く見られます。なにもせずに、普段通りの動きをすれば、動作のクセなども関係し、アウターマッスルが優位のままになってしまうことが多くなります。そこで、**インナーマッスルに「これから使う」という信号を送り、意図的にインナー優位の状態を**

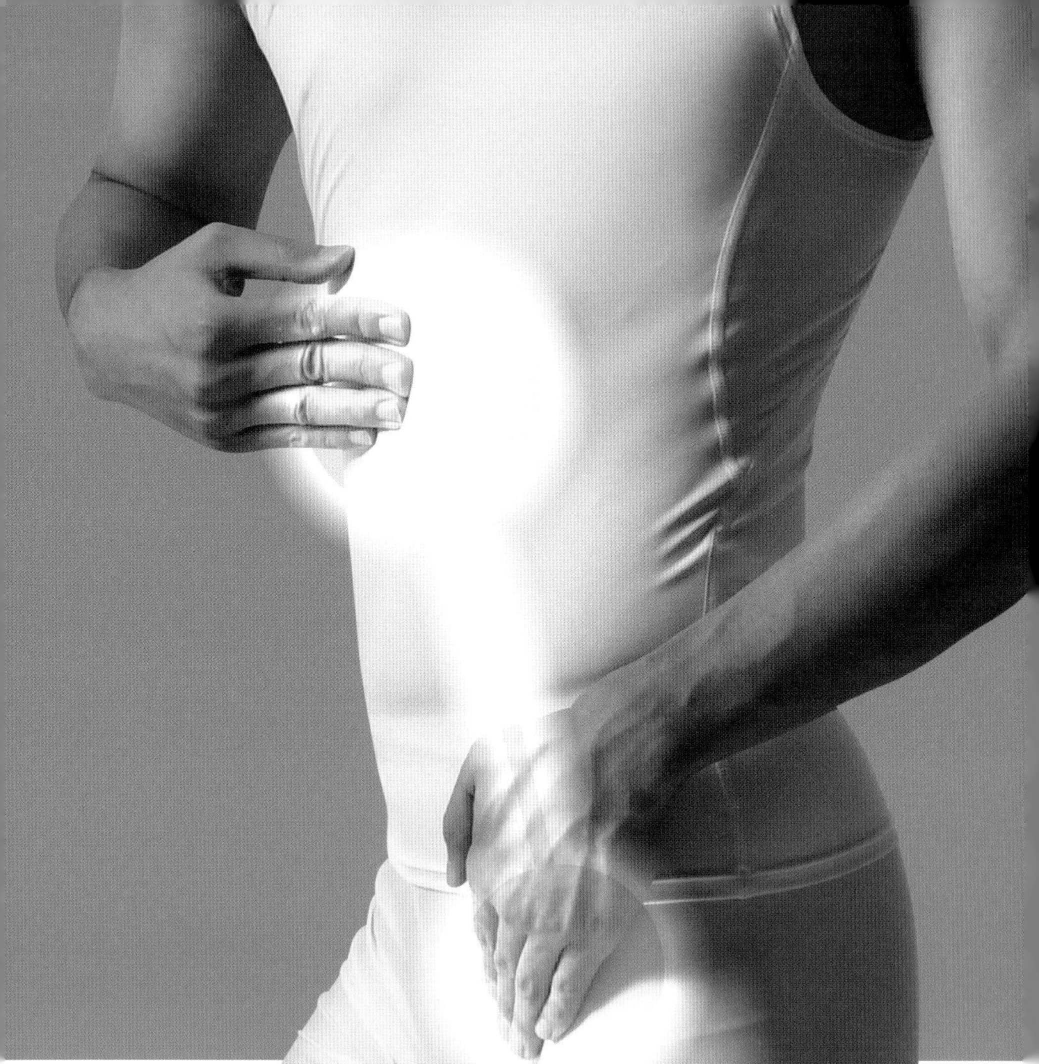

つくり出すことが必要となってきます。これに最適なアプローチのポイントとなるのが、**「クロスポイント」**です。施術家・高橋龍三氏が提唱した「クロスポイント」は、複数の筋肉が交差するポイントで、全身に14ヵ所あります。そのポイントに刺激を与えたり、意識を向けたりすることによって、**インナーマッスルが活性化し、アウターとインナーのバランスが整うことで、あらゆる局面で最適な動作が可能**になります。

前述した横隔膜のコントロールと、このクロスポイントを活用できれば、インナーマッスルを活かした、効率的で正確、かつしなやかな動作が可能になるのです。

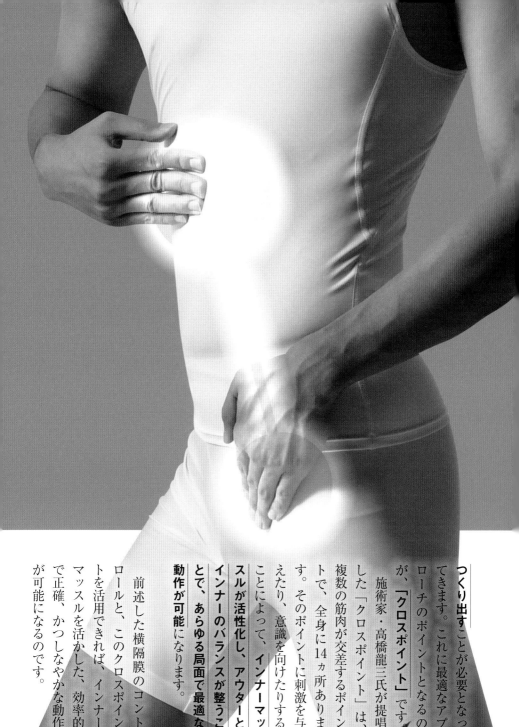

目次
CONTENTS

第2章 「横隔膜」と「骨盤底筋群」の使い方

第3章 日常動作で体得する「使える体幹」

本書の使い方

1 第1章から順番に実践していくと、実感しやすい！

本書で解説する「使える体幹」メソッドは、インナーマッスルや横隔膜、骨盤底筋群をコントロールするのが特徴。これらを動かす感覚を順を追って身につけることで、正しく再現できます。第1章の基礎から順番に実践するようにしましょう！

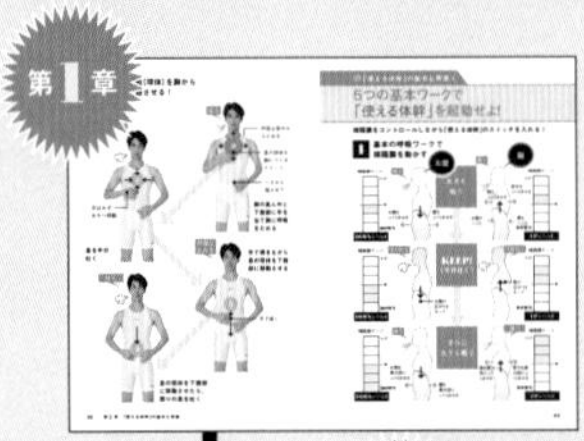

インナーマッスルをコントロールするための基礎を身につける。

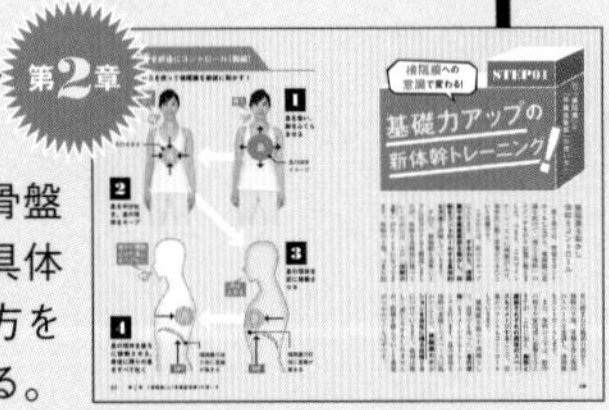

横隔膜と骨盤底筋群の具体的な使い方を身につける。

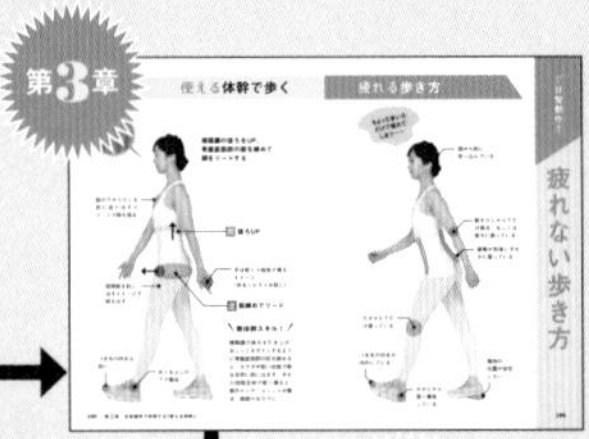

日常動作で横隔膜と骨盤底筋群を使う感覚を身につける。

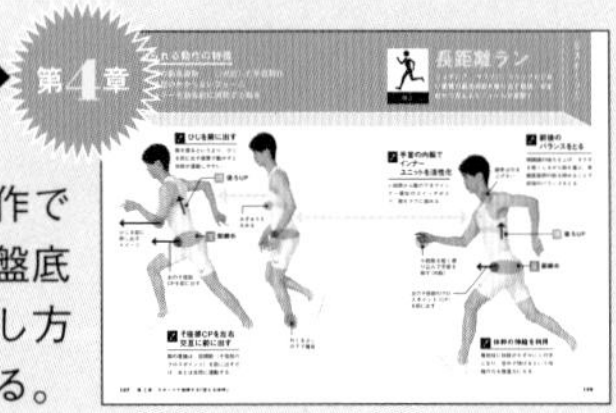

スポーツ動作で横隔膜と骨盤底筋群の活かし方を身につける。

2 横隔膜と骨盤底筋群のマーク表示について

本書では「使える体幹」の動作感覚を、より簡潔に理解できるよう横隔膜の上げ下げや骨盤底筋群の前後移動を共通のマークで表しています（詳しくは第2章参照）。マークの意味について事前に知っておくと、さらに理解が深まります。

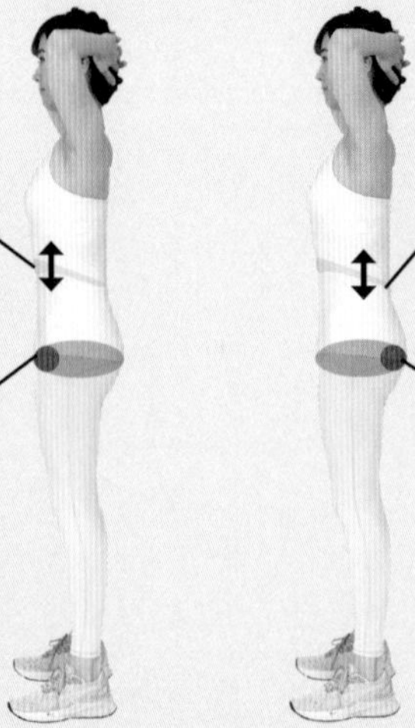

横 前UP
or
横 前DOWN

横隔膜の前側を上げたり下げたりする表示。胸やお腹の前側に息をためる感覚。

底

前締め

骨盤底筋群の前を締める表示。尿をガマンする感覚。

横 後ろUP
or
後ろDOWN

横隔膜の後ろ側を上げたり下げたりする表示。背中や腰に息をためる感覚。

底

後ろ締め

骨盤底筋群の後ろを締める表示。お通じをガマンする感覚。

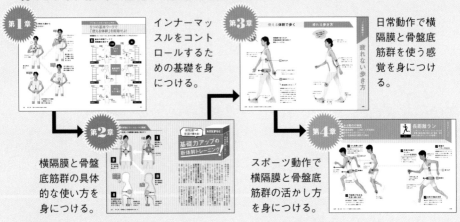

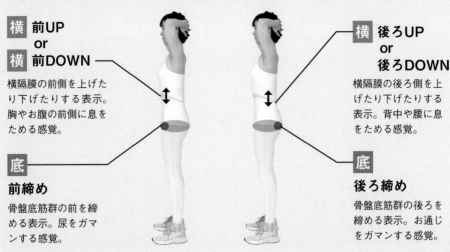

第1章

「使える体幹」の基本と準備

「体幹」は、なぜ必要なのか？

≫「使える体幹」の基本と準備①

体幹とは動くもの。運動の起点となる！

解剖学的な観点でいえば、「体幹」とは、脊柱《せきちゅう》を中心に、頭部の頭蓋《ずがい》、肋骨で覆われた胸郭《きょうかく》、体幹の受け皿となる骨盤を含む範囲を示します。

体幹の骨格を見ると、脊柱（背骨）は椎骨《ついこつ》というブロックが関節でつながっています。肋骨も脊柱と関節でつながり、反対側は胸の中心部にある胸骨につながっています。ひとつの塊のようなイメージのある体幹ですが、**実はこれだけの関節があり、動く構造をしている**のです。

しかも、腕は鎖骨と肩甲《けんこう》骨《こつ》、脚は骨盤につながっています。つまり、**四肢のつけ根は、体幹の内部に存在する**ということ。これは、手足を自在に操ることが求められる運動において、その**起点はすべて体幹にある**ということを意味します。手足の運動の起点が体幹とするならば、やはり体幹そのものを**「動かす・使う意識」が運動の効率を高める**といえます。

動作のエネルギーは、中心である体幹から生み出され、それが末端へと伝わっていくことで成り立ちます。もし、体幹を固め、動かないものとしてしまうと、末端との連動は生まれず、パフォーマンスは低下します。逆に**体幹を「動くもの」と認識し、しなやかに動かす**ことができれば、全身が効率よく連動し、結果、最高のパフォーマンスを発揮できるのです。

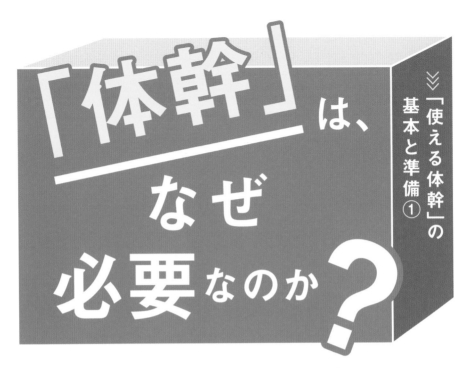

「体幹」とはなにか

あらためて解剖学の観点から体幹の骨格を見てみよう！

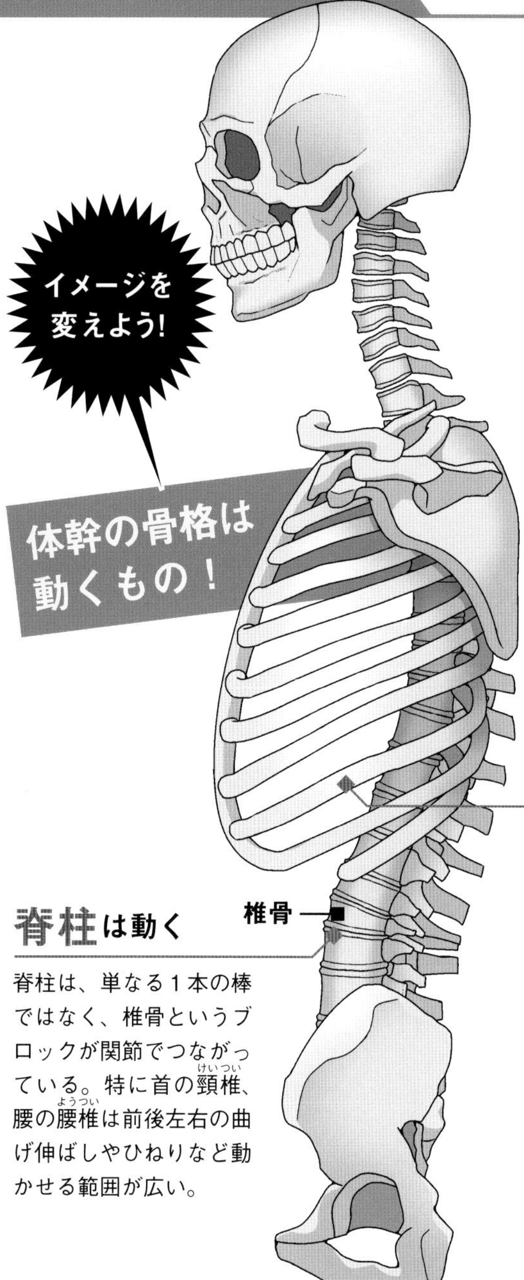
イメージを変えよう!
体幹の骨格は動くもの！
椎骨

解剖学的な体幹

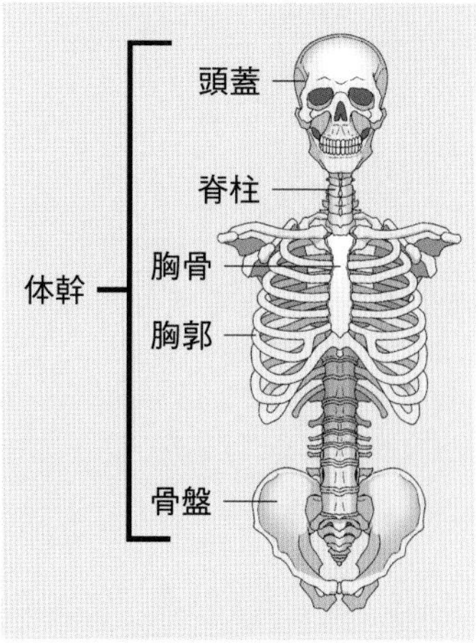
頭蓋
脊柱
胸骨
胸郭
骨盤
体幹

カラダの中心を走る脊柱（背骨）を中心に、頭部の頭蓋、肋骨のある胸郭、脊柱を下から支える骨盤までの範囲を体幹という。

肋骨は動く

肋骨の背部は脊柱と関節でつながり、前面は胸の中央にある胸骨とやわらかい肋軟骨《ろくなんこつ》が関節でつながっている。つまり、肋骨は呼吸のために胸郭を広げる範囲で動かすことができる。

脊柱は動く

脊柱は、単なる１本の棒ではなく、椎骨というブロックが関節でつながっている。特に首の頸椎《けいつい》、腰の腰椎《ようつい》は前後左右の曲げ伸ばしやひねりなど動かせる範囲が広い。

腕や脚のつけ根は「体幹の中」にある！

四肢（腕や脚）と体幹とのつながりを理解しよう！

Q 脚のつけ根は？

脚の上部の骨にあたる大腿骨は、股関節で骨盤の寛骨とつながっている。解剖学的には、この寛骨までが下肢（脚のこと）と分類されている。

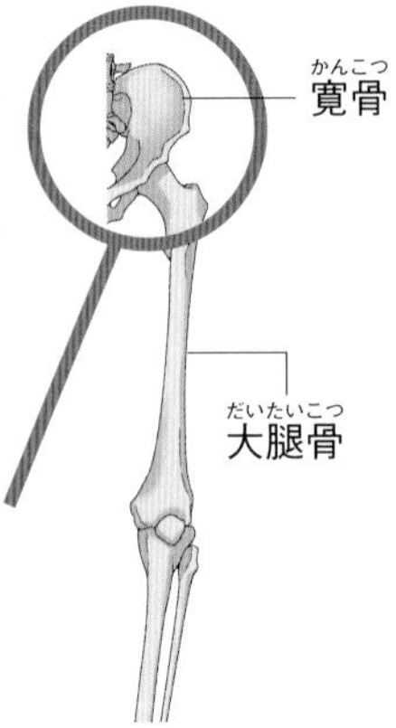

寛骨《かんこつ》
大腿骨《だいたいこつ》

A 骨盤

Q 腕のつけ根は？

腕の上部にあたる上腕骨は、肩関節で肩甲骨とつながり、肩甲骨は鎖骨と肩鎖関《けんさかん》節《せつ》でつながっている。この肩甲骨と鎖骨までが上肢（腕のこと）と分類される。

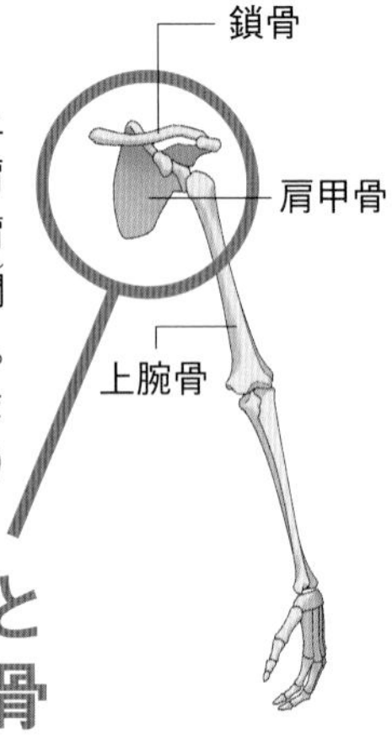

鎖骨
肩甲骨
上腕骨

A 鎖骨と肩甲骨

つまり、腕と脚は体幹の内部が「起点」！

腕の始まりが肩甲骨と鎖骨、脚の始まりが骨盤。四肢は体幹の箱から枝のように伸びている（体幹とはっきり分かれている）とイメージされがちだが、実は体幹の内部にその起点があることがわかる。四肢を自在に操り、動かすことが運動の基本とするなら、あらゆる運動は、体幹を起点としているといえる。

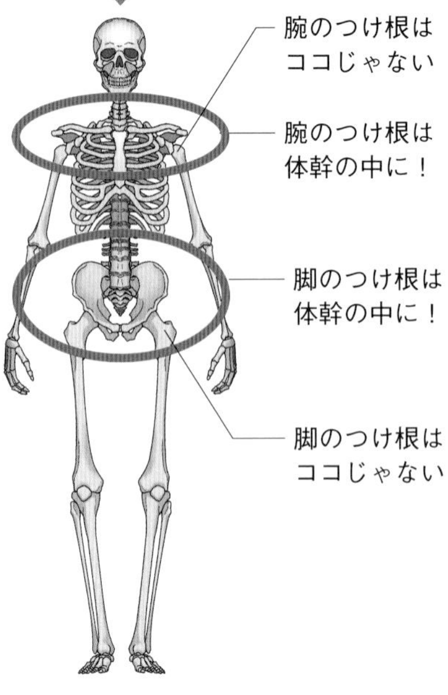

腕のつけ根はココじゃない
腕のつけ根は体幹の中に！
脚のつけ根は体幹の中に！
脚のつけ根はココじゃない

「体幹」はあらゆる動作のスタート地点！

体幹から動作が始まり、その力は末端（四肢）へと伝わる！

例 脚を大きく振り上げる場合

みぞおちから動かすと…

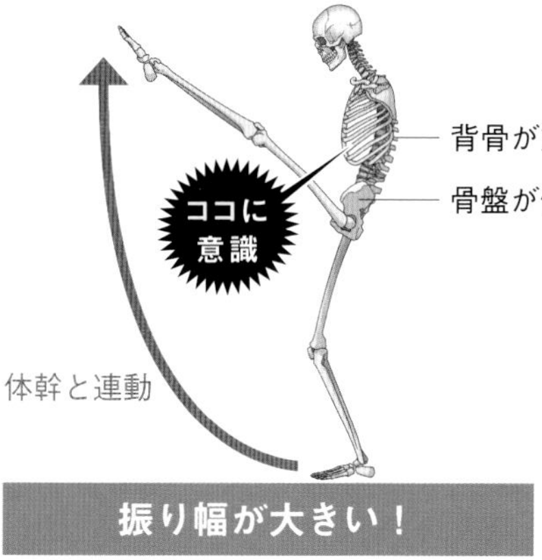

背骨が動く
骨盤が傾く
ココに意識
体幹と連動
振り幅が大きい！

末端の足先から動かすと…

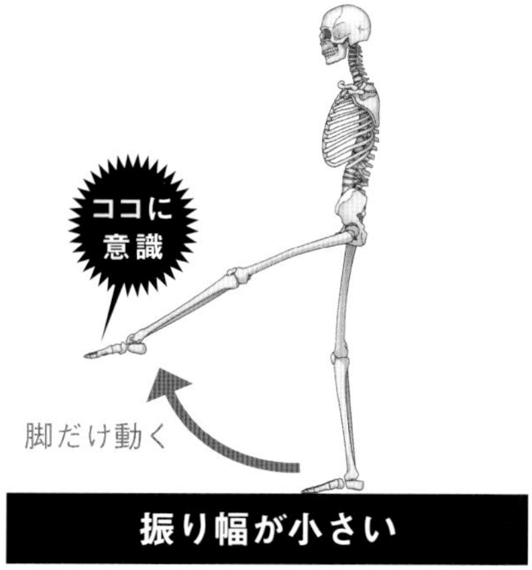

ココに意識
脚だけ動く
振り幅が小さい

動作のエネルギーは体幹から末端へ伝わる！

体幹がしなやかに動けば
末端もしなやかに動く！

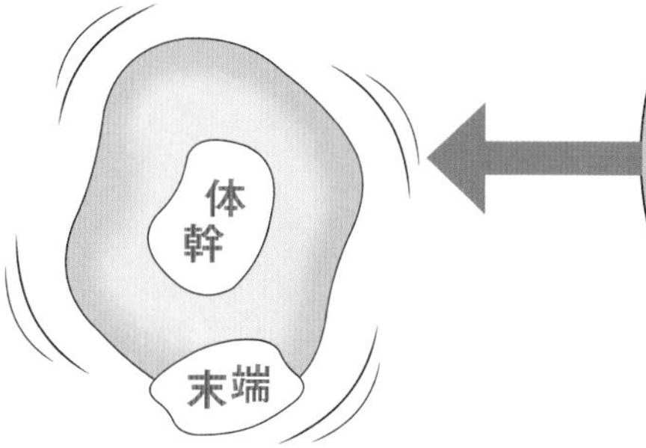

体幹
末端

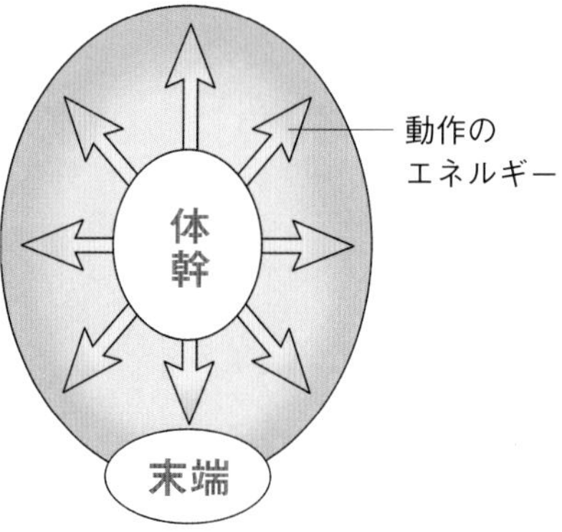

動作のエネルギー
体幹
末端

動作の起点となる体幹をしなやかに動かすことができれば、その力が末端の四肢に伝わり、全体がしなやかに！

中心である体幹が動作の起点となり、そこで生み出された運動エネルギーは末端の四肢へと伝えられる。

≫「使える体幹」の基本と準備②

鍛えるだけではダメ？ 間違いだらけの体幹トレ

「固める体幹」より「使える体幹」を目指す

体幹の軸がブレることで、運動のパフォーマンスが落ちてしまう。従来の体幹トレーニングのイメージは、腹筋群を鍛えたり、胴まわりを安定させたりすることがメインと考えられてきたように思います。「軸がブレない」という意識が、「体幹を安定させる＝固める」という方向にシフトしてきた傾向があるのではないでしょうか？

前述したように**体幹は「あらゆる運動の起点」**となるため、**体幹を固めてしまうことは、運動そのものに制限を与えてしまう**ことになります。例えるなら、体幹のアウターマッスル（腹直筋や脊柱起立筋群、大胸筋、大殿筋など）を硬く鍛え上げるのは、亀の甲羅から手足を伸ばして運動するようなもの。動きづらいのは当然です。

運動のパフォーマンスを最大限に発揮するためには、体幹が本来持っている可動性を活かしながら、「動かす・使う」ことを目的としなければなりません。

運動の起点、すなわち運動のエネルギーを生み出すのは体幹です。そのため、**体幹は固めるのではなく、しなやかに動かすことが、「使える体幹」につながります**。そして、体幹の骨格を細かくコントロールするには、骨格まわりの細かい筋肉「インナーマッスル」をバランスよく使うことが求められるのです。

「固めて安定させる」体幹トレは間違い！

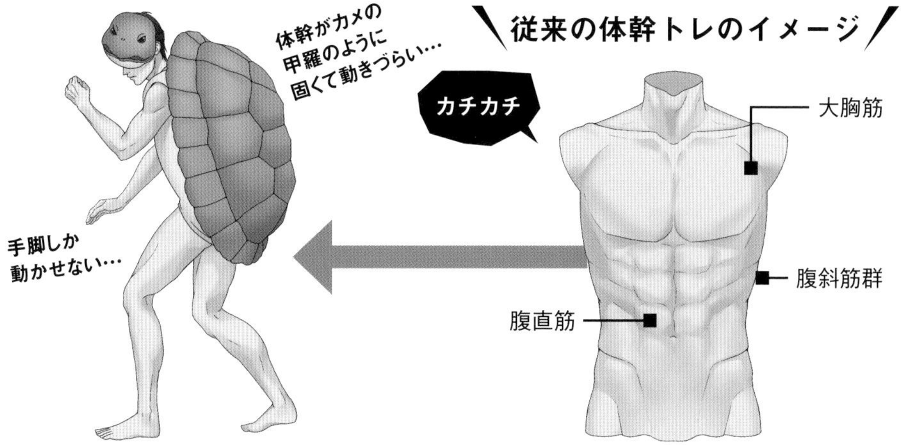
体幹がカメの
甲羅のように
固くて動きづらい…
手脚しか
動かせない…
従来の体幹トレのイメージ
カチカチ
大胸筋
腹斜筋群
腹直筋

固めて安定させる

NG **しかし、体幹は動作の起点。**
固めてしまうと動きが悪くなる！

目指すべきは、しなやかに動く「使える体幹」！

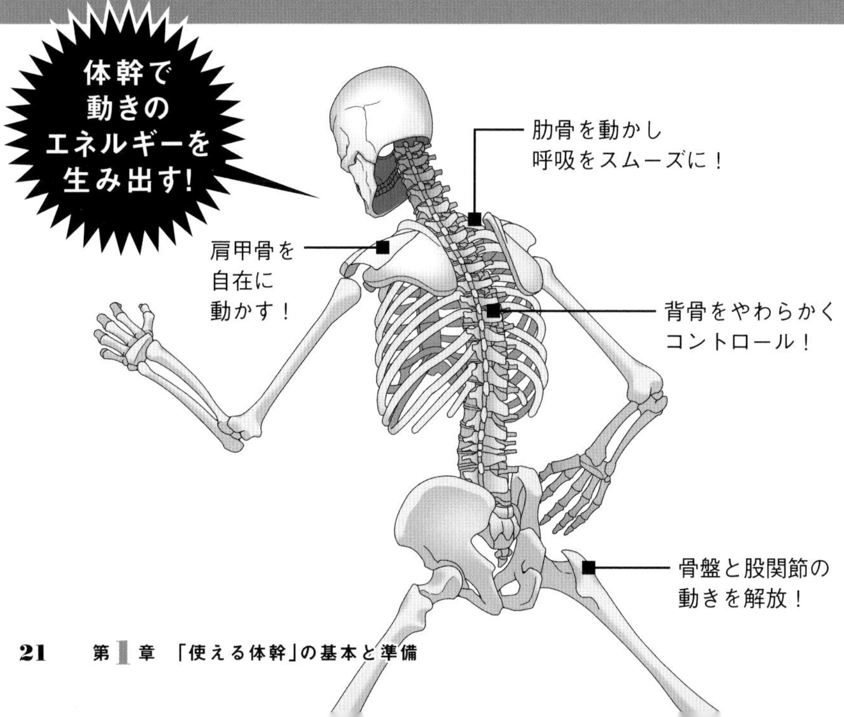
体幹で
動きの
エネルギーを
生み出す！
肋骨を動かし
呼吸をスムーズに！
肩甲骨を
自在に
動かす！
背骨をやわらかく
コントロール！
骨盤と股関節の
動きを解放！

あなたは使えている？「使える体幹」CHECK!

CHECK 1 ロールアップをやってみよう!

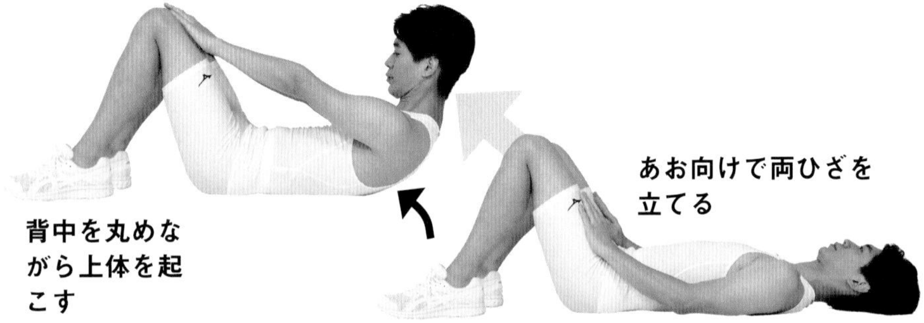

体幹を使えていない人は……

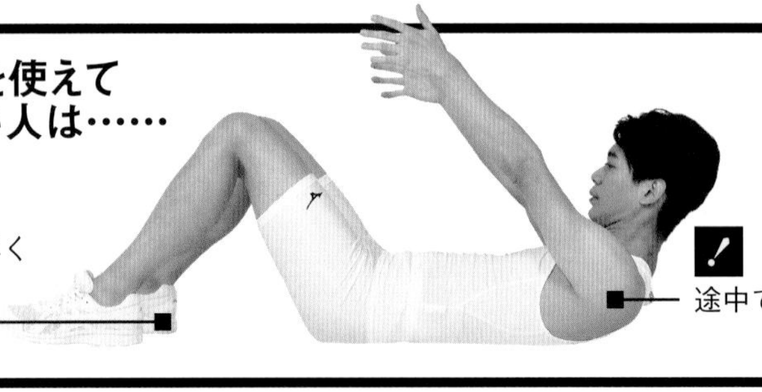
かかとが浮く
途中で止まる

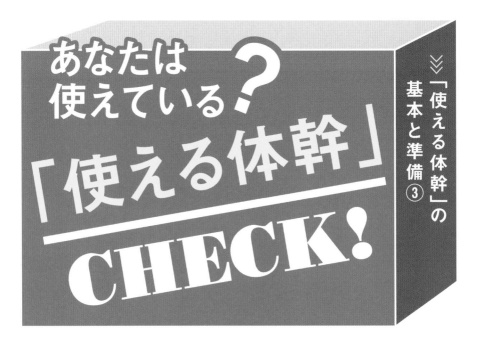

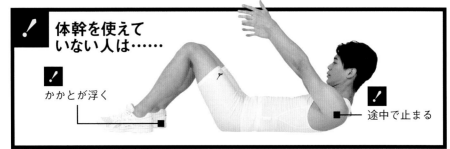

CHECK2 ランジをやってみよう!

両手を頭の後ろに組んで直立
片脚を大きく1歩踏み込んで腰を落とす
上体はまっすぐ
ひざは90度
ひざを床につけない
体幹を使えていない人は……
太ももが張る
踏み込んだときにグラつく

「使える体幹」の基本と準備④

使える体幹のカギを握る
横隔膜とインナーマッスル

「横隔膜」は体幹の司令塔！

しなやかに動き、あらゆる運動の起点となる「使える体幹」は、骨格を細かくコントロールする必要があると述べました。そして、そのためには骨格まわりの細かい筋肉**「インナーマッスル」をバランスよく使う**ことがポイントになってきます。

インナーマッスルとは、カラダの深層にある筋肉のこと。なかでも運動のパフォーマンスアップに貢献度の高いものは、下半身なら腸腰筋《ちょうようきん》、上半身なら前鋸筋《ぜんきょきん》や肩甲下筋《けんこうかきん》といった筋肉（P26）で、どちらも**四肢の動きと体幹をつなぐ**重要なパーツ。これらを自在にコントロールすることで、運動の質を高めることができます。

そして、これらを体幹の中心でつなぐ重要な器官があります。それが「**横隔膜**」です。横隔膜を意図的にコントロールし、各インナーマッスルを連動させることが「使える体幹」のカギを握ります。

また、横隔膜は、骨盤の下部にあるインナーマッスル「**骨盤底筋群《こつばんていきんぐん》**」とリンクしています。これらを上げたり下げたりすることで、重さの感じ方が軽くなったり、逆に安定感が増したり、**カラダの使い方そのものの感覚に変化**が生じるのです。

横隔膜は、基本的に呼吸法でコントロールします。これらの方法については、P42以降で詳しく解説します。

「使える体幹」の中核は「横隔膜」

体幹を細かくコントロールするには、「横隔膜」への意識が重要！

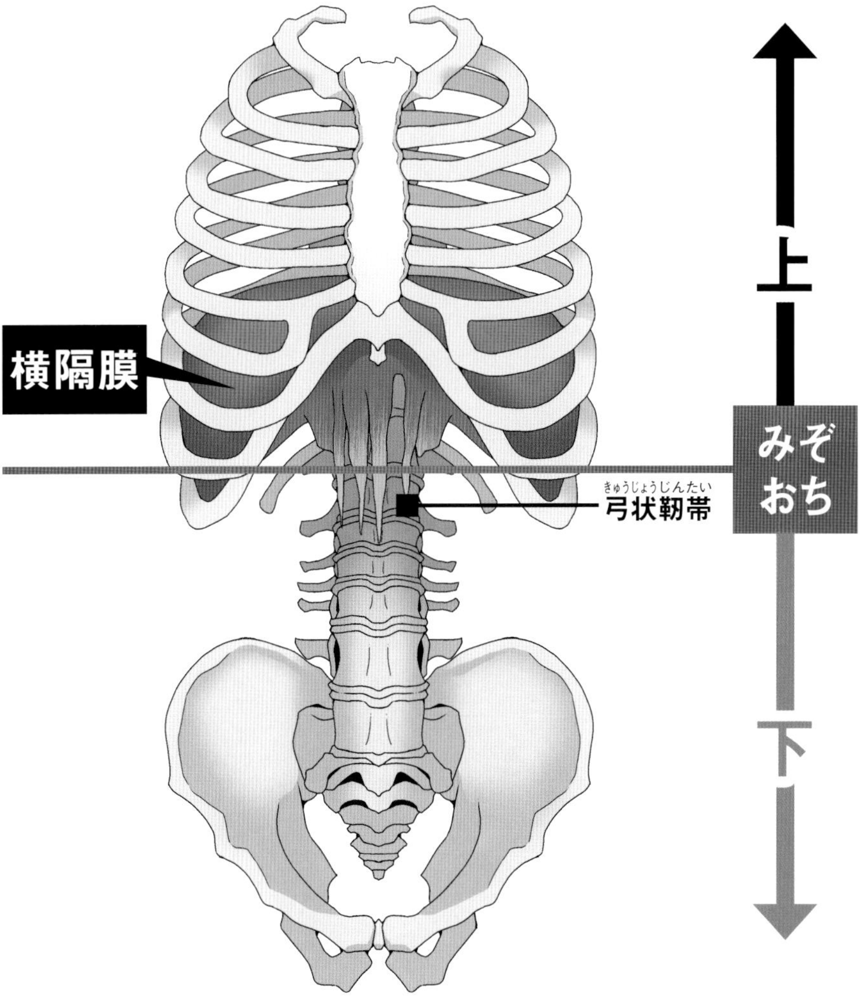

体幹はみぞおちを基準に横隔膜で上下に分けられる！

肋骨の下部に位置する横隔膜は、胸と腹部を分けるドーム状の膜で、主に呼吸運動を担う器官。横隔膜より下のインナーマッスル（腸腰筋など）は下半身の動きに関わり、逆に上方は上半身の動きと関わるため、横隔膜を基準に上下に分けることができる。

しなやかな動きを可能にする インナーマッスル

「使える体幹」の起動に欠かせない主なインナーマッスルを紹介！

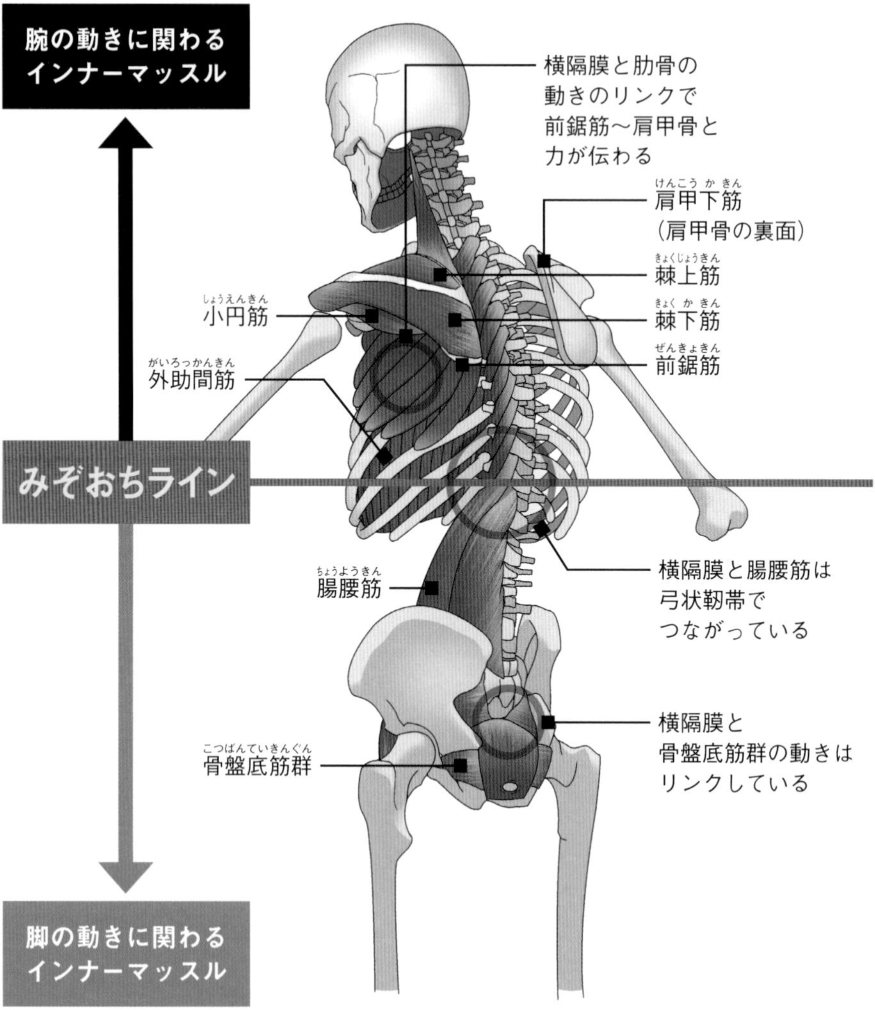
腕の動きに関わるインナーマッスル
横隔膜と肋骨の
動きのリンクで
前鋸筋～肩甲骨と
力が伝わる
肩甲下筋《けんこうかきん》
（肩甲骨の裏面）
棘上筋《きょくじょうきん》
小円筋《しょうえんきん》
棘下筋《きょくかきん》
前鋸筋《ぜんきょきん》
外助間筋《がいろっかんきん》
みぞおちライン
腸腰筋《ちょうようきん》
横隔膜と腸腰筋は
弓状靭帯で
つながっている
横隔膜と
骨盤底筋群の動きは
リンクしている
骨盤底筋群《こつばんていきんぐん》
脚の動きに関わるインナーマッスル

横隔膜を中心につながるインナーマッスル

脇の下にある前鋸筋や肩甲骨周辺の棘下筋や棘上筋、肩甲下筋、呼吸運動を担う外肋間筋は腕などの上半身の動き、腸腰筋は下半身の動きをコントロールするが、これらはすべて横隔膜につながる。また、骨盤下の骨盤底筋群は横隔膜の動きとリンクする。

動作効率を決定づける 横隔膜と骨盤底筋群

横隔膜と骨盤底筋群を上げ下げすると、カラダの感覚が変わる!

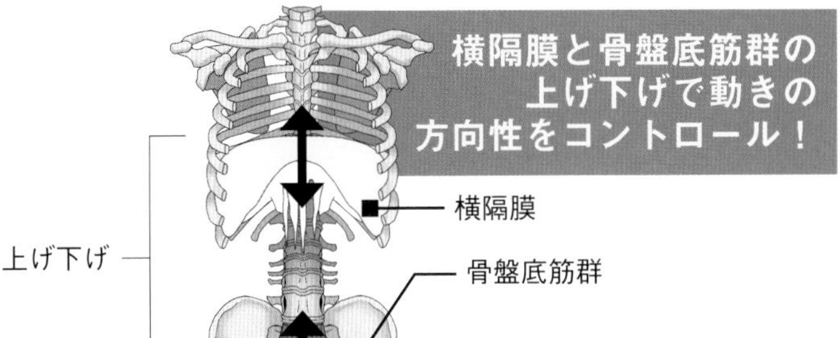

呼吸や骨盤内部の力の入れ具合によって、横隔膜と骨盤底筋群が働き、カラダの重さや方向性をコントロールできる!(詳しくは P42以降を参照)

4つの組み合わせと動作の方向性

横 上げ 底 下げ

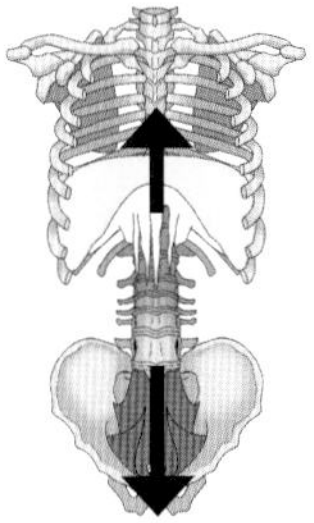

上半身は軽やか&下半身の安定

下半身を安定させながら、上半身を軽やかに動かしたいときに最適な状態となる。

横 上げ 底 上げ

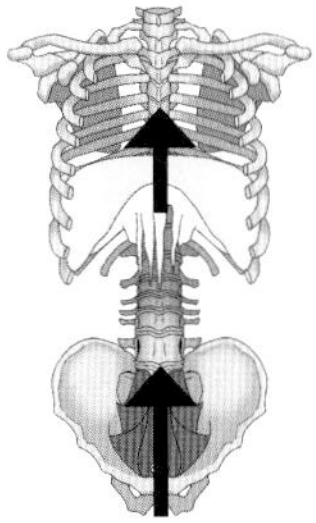

軽やかな動き

横隔膜も骨盤底筋群も上げるとカラダが軽くなる。全身を俊敏に動かしたいときに最適。

横 下げ 底 下げ

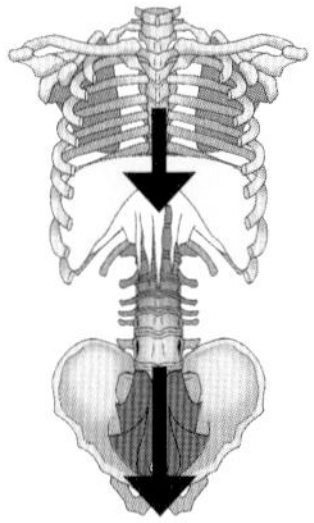

どっしり安定

両方下げると、カラダが重くなり最も安定した状態に。身体接触時など安定させたいときに。

横 下げ 底 上げ

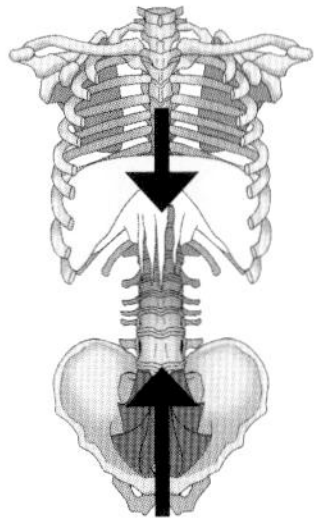

上半身の安定&下半身は軽快

上半身を安定させながら、下半身を軽やかにコントロールしたいときに最適な状態。

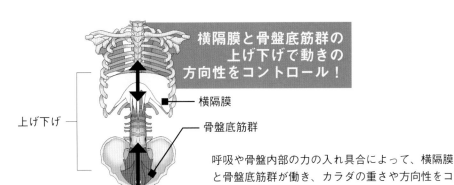

≫「使える体幹」の基本と準備⑤

インナーマッスルを目覚めさせる！

「使える体幹」にはインナー優位が不可欠！

体幹をしなやかに動かす・使うためには、インナーマッスルを使える状態にすることが不可欠です。ところが、ほとんどの場合、アウターマッスルを使いすぎていることが多く、インナーマッスルは眠っている状態に。本来は、**インナーを優位にし、動作をリードしながら補助的にアウターを動員する**ことが、バランスのよい状態といえます。

そこで、**眠っているインナーマッスルに刺激を与え、使うための信号を送るアプローチを意図的に行う**ことが必要となってきます。そのアプローチに用いるのが「**クロスポイント**」です。クロスポイントとは、全身に14ヵ所ある複数の筋肉が交差する部分のこと。インナーマッスルは、すべてが深層にあるわけではなく、場所によっては表層を通る箇所もあります。そうした部分、クロスポイントを直接さすったり、押したり、刺激を与えることで、「これから使う」という信号を送ることになります。そして、**クロスポイントを刺激したうえでカラダを動かしていけば、アウターマッスルとインナーマッスルのバランスが整い、最適な動作を行うことができる**というわけです。

「使える体幹」を起動する前に、まずはクロスポイントを刺激し、インナーマッスルのスイッチをＯＮにすることから始めましょう。

インナーマッスルとアウターマッスルの特徴

まずはアウターとインナーのそれぞれの特徴を理解しておこう！

☑力は強いが、持久性が低い
☑瞬発性は高いが、細かいコントロールは苦手
☑使われやすい
☑柔軟な動きは苦手

アウターマッスルは、力持ちの不器用者。瞬発的な動きが得意で長時間の運動は苦手。

ex.体幹前面

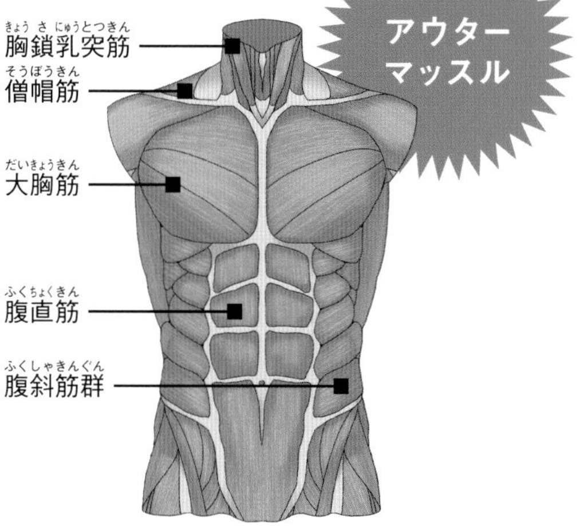
アウターマッスル
胸鎖乳突筋《きょうさにゅうとつきん》
僧帽筋《そうぼうきん》
大胸筋《だいきょうきん》
腹直筋《ふくちょくきん》
腹斜筋群《ふくしゃきんぐん》

表層にある筋肉で、ボディメイクにおいては影響の大きいパーツ。

☑力は弱いが、持久性が高い
☑細かいコントロールが得意
☑素早い動きが可能
☑意識しないと使われにくい
☑関節を安定させる
☑柔軟に動く

インナーマッスルは、非力だけどテクニシャン。意識しないと力が発揮されにくい。

ex.体幹前面

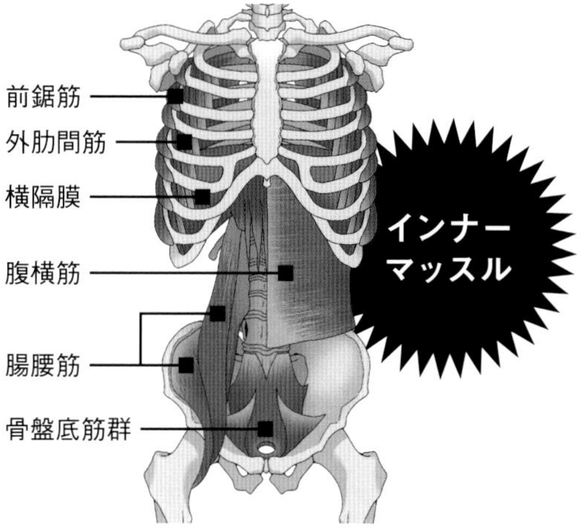
インナーマッスル
前鋸筋
外肋間筋
横隔膜
腹横筋
腸腰筋
骨盤底筋群

アウターマッスルより深層にあるため、表面上はほぼ見えない。
（背面はP26参照）

筋肉の交差点「クロスポイント」とは？

インナーマッスルを刺激するために重要なポイントを理解しよう！

複数の筋肉が集まる14のクロスポイント(CP)

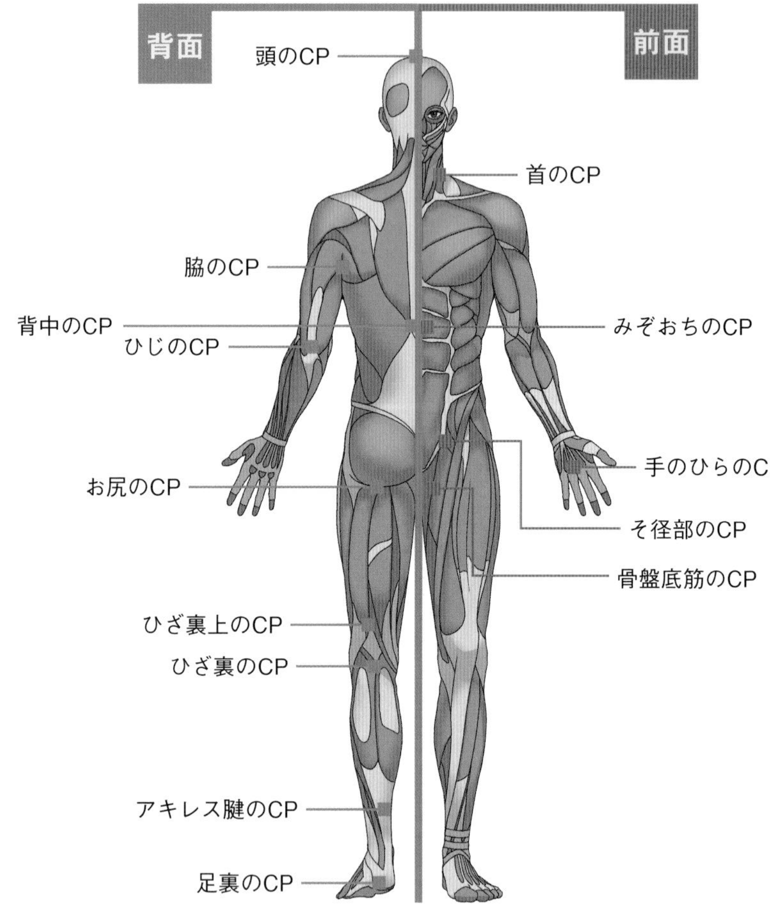

背面
前面
頭のCP
首のCP
脇のCP
背中のCP
みぞおちのCP
ひじのCP
手のひらのCP
お尻のCP
そ径部のCP
骨盤底筋のCP
ひざ裏上のCP
ひざ裏のCP
アキレス腱のCP
足裏のCP

➤ クロスポイントを刺激すると、インナーマッスルが優位に！

全身に14ヵ所あるクロスポイント（CP)。複数の筋肉が交差する場所であり、そこを刺激することでインナーマッスルを活性化させたり、意識を向けることで動作の運動軸や方向性を示す目安にしたりすることができる。

認識を変え、動かし、使う!

インナーマッスルにスイッチが入るしくみを解説！

Step0　インナーマッスルは眠っている!

アウターマッスルは表層にあるため、意識を向けやすい。そのため、使いすぎの傾向があり、負担が集中しがち。深層のインナーマッスルは、出番が極端に少ない状態になっている。

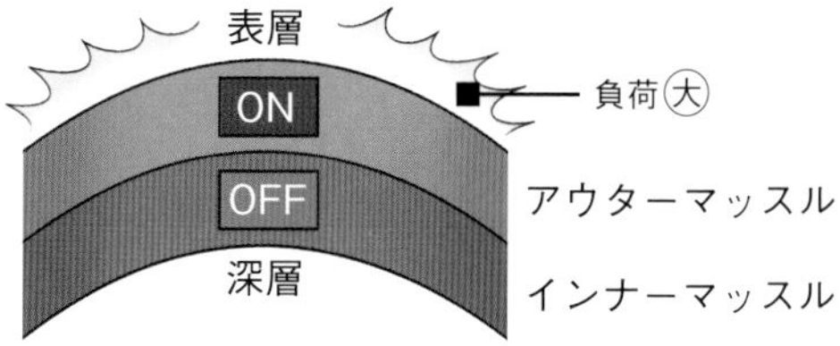

表層
ON
負荷（大）
OFF
アウターマッスル
深層
インナーマッスル

Step1　クロスポイントを刺激して意識を変える!

クロスポイントは、複数の筋肉が交差するポイント。インナーマッスルも深層から表層を通る部分があり、そこを刺激することでインナーマッスルの存在を意識することができる。

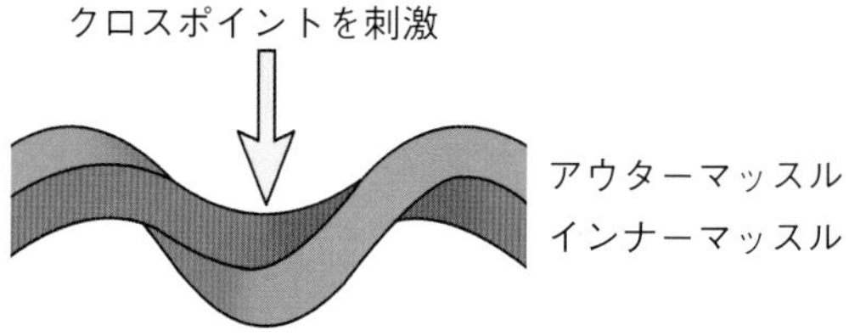

クロスポイントを刺激
アウターマッスル
インナーマッスル

Step2　インナーマッスルを意識して動かす!

さする・押すなどの刺激によってインナーマッスルの感覚が目覚め、自然に使えるような準備が整う。その感覚をキープすると、インナーとアウターの両方がスイッチ ON 状態に。

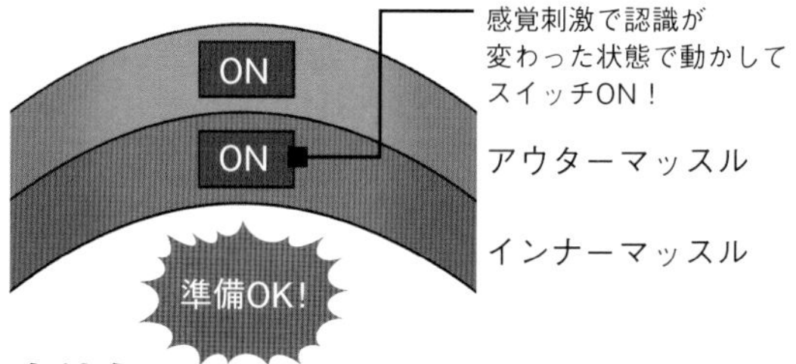

感覚刺激で認識が
変わった状態で動かして
スイッチON！
ON
ON
アウターマッスル
インナーマッスル
準備OK!

Step3　インナーマッスルを使う!

インナーマッスルのスイッチが入り、インナー主導で、カラダを動かしていく。すると、アウターマッスルの負担が分散し、効率的で正確な質の高い動作を体感できるようになる。

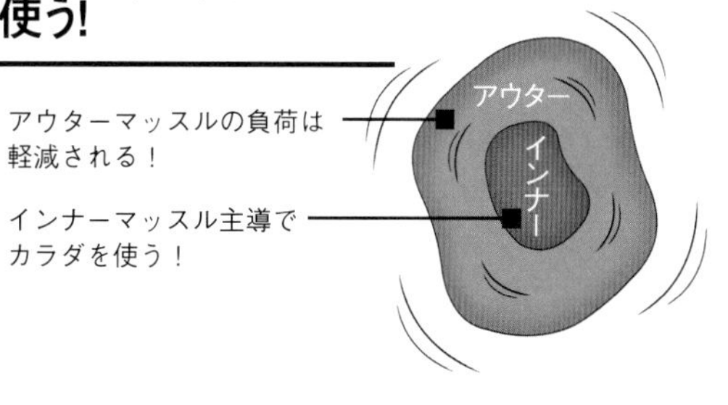

アウターマッスルの負荷は
軽減される！
インナーマッスル主導で
カラダを使う！
アウター
インナー

「使える体幹」の基本と準備⑥

体幹を使うにはまず、末端（手足）を整える！

体幹の受け手側 末端の準備が先！

これまで「使える体幹」を起動するための解説をしてきましたが、実は体幹より先に末端である四肢（手足）の準備を整えることが重要です。**いくら体幹の準備を整えても、その運動エネルギーの受け手側である四肢が「使える」ように整っていなければ、スムーズな連動ができない**からです。

体幹の動きの主導をインナーマッスルに切り替えるのと同様に、末端である四肢もインナーマッスルが優位となるよう覚醒させる必要があります。

土台となる下肢の末端。**足裏から順番に下から体幹に向かって整えていくのが基本**です。このときもクロスポイントを刺激しながら、インナーマッスル主導の動作感覚を確かめるように行います。

下肢のインナーマッスルは、足裏から外くるぶしの後ろを通り、もも裏、お尻とつながっていきます。そのため、立つときは外くるぶしの下で立つように意識します。

上肢のインナーマッスルは、手のひらから腕の小指側を通り、脇の下の前鋸筋《ぜんきょきん》へとつながっています。そのため、手や腕は小指側に意識を向けることになります。

これらの末端（四肢）を整える手順については、次ページ以降で詳しく解説していくので、それらを参考に実践してみましょう。

脚（下肢）の状態を整える ▶▶▶ 左右を同様に行う

脚1 足裏の3つのアーチを整える

3つの足裏アーチと足裏のクロスポイント

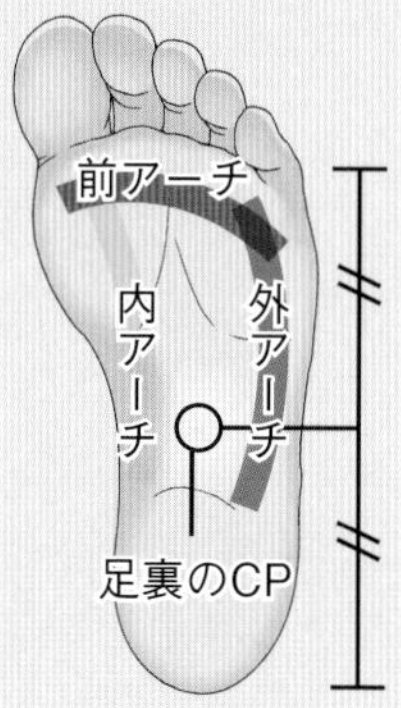

前アーチ
内アーチ
外アーチ
足裏のCP

足裏には外・内・前のアーチがあり、足指を除いた足裏の中央にCPがある。

1 外アーチ

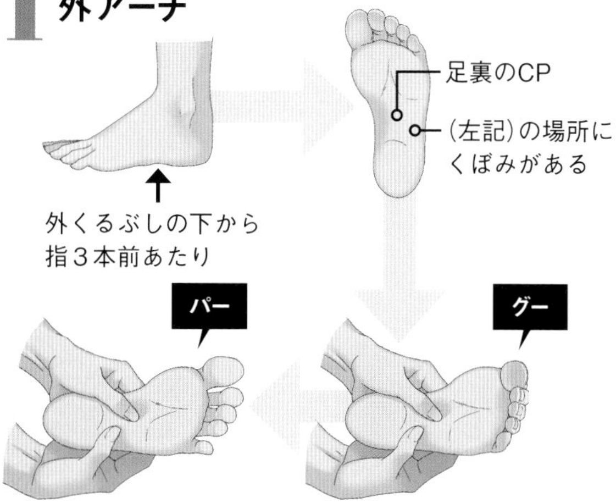

足裏のCP
（左記）の場所にくぼみがある
外くるぶしの下から指3本前あたり
パー
グー

2つのポイントを押しながらグーパーを30秒

2 前アーチ

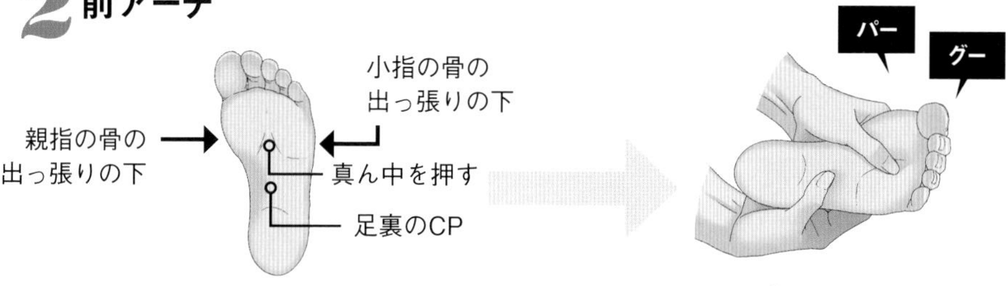

小指の骨の出っ張りの下
親指の骨の出っ張りの下
真ん中を押す
足裏のCP
パー
グー

3 内アーチ

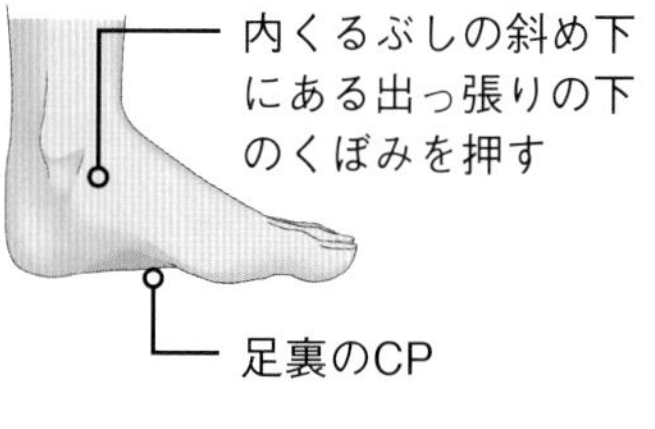

内くるぶしの斜め下にある出っ張りの下のくぼみを押す
足裏のCP

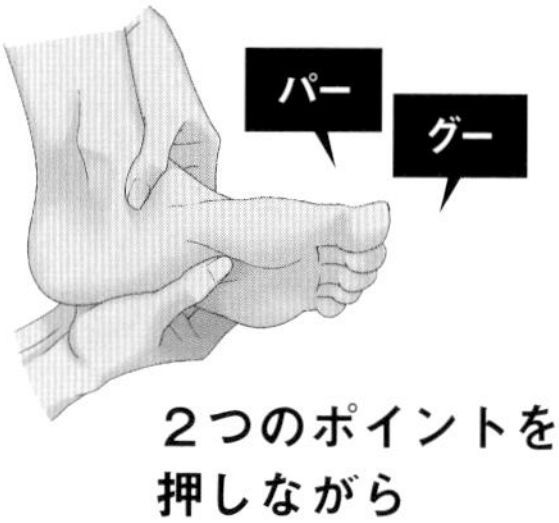

パー
グー

2つのポイントを押しながらグーパーを30秒

脚2 ひざを整える❶

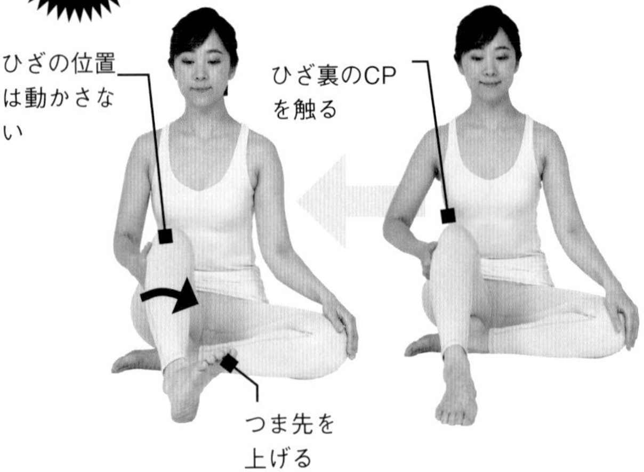
ひざの位置は動かさない
つま先を上げる
ひざ裏のCPを触る

つま先を上げ、すねを内側にまわす

片ひざを立て、ひざ裏の CP を触る

ひざ裏のCP

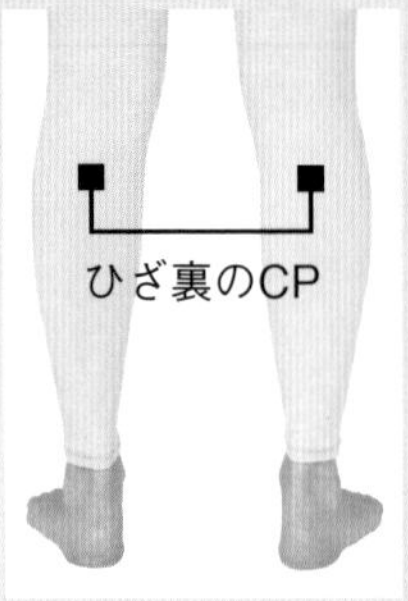
ひざ裏のCP

ひざ裏のくぼみの真ん中にひざ裏のクロスポイントがある。指先でそこに触りながら刺激を与えて感覚をキープする。

脚3 ひざを整える❷

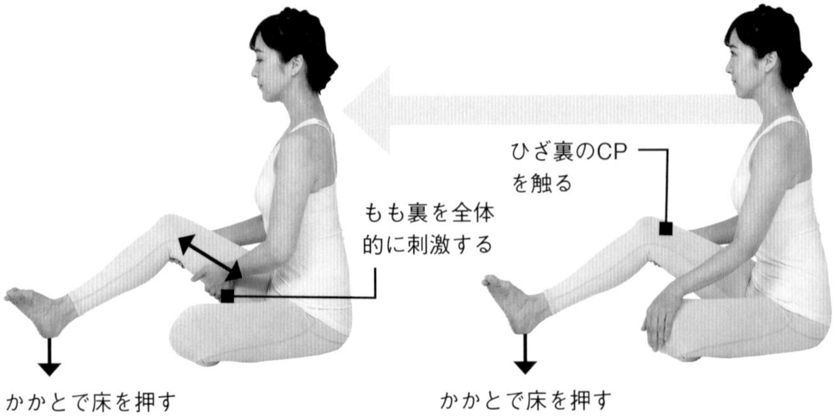
もも裏を全体的に刺激する
かかとで床を押す
ひざ裏のCPを触る
かかとで床を押す

そのまま力の入ったもも裏をたたく or さする

ひざ裏の CP を触りながらかかとで床を押す

脚4 ひざを整える③

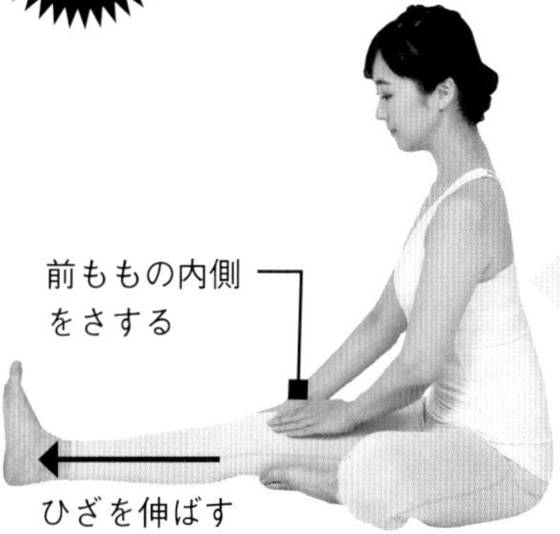

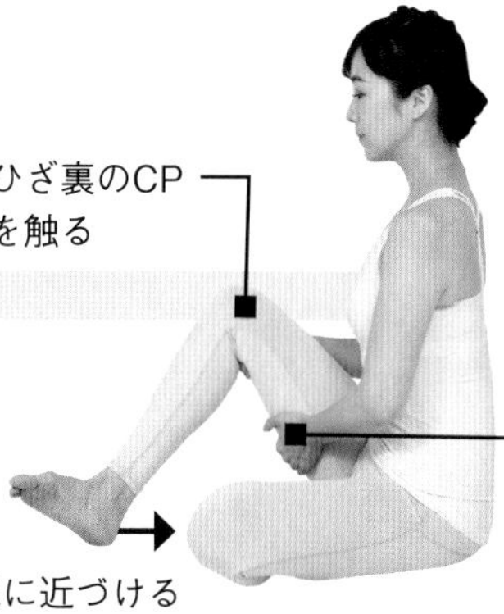
もも裏を
さする
お尻に近づける

もも裏の感覚を残しながらひざを伸ばし、前ももの内側をさする

ひざ裏のCPを触りながらかかとをお尻に近づけてもも裏をさする

腕(上肢)の状態を整える ▶▶▶ 左右を同様に行う

腕1 手のひら(手指)を整える

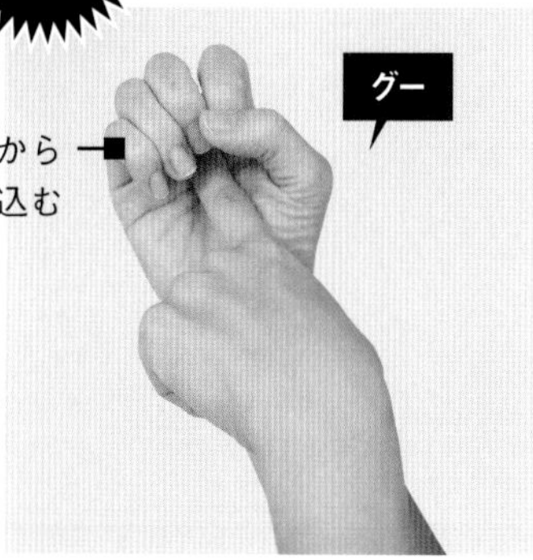
小指から
握り込む

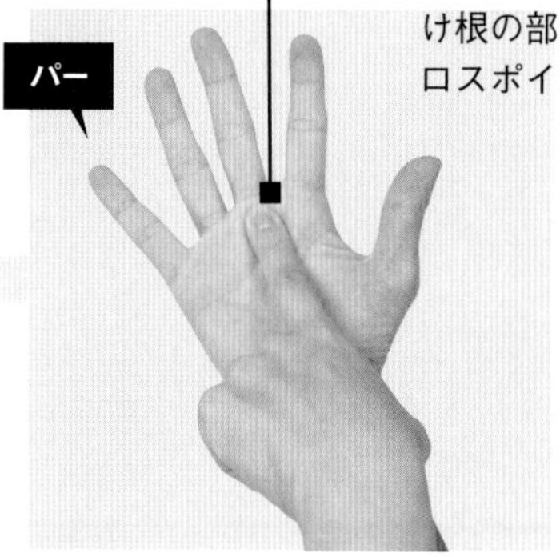
手のひらにある
「中指の骨」のつ
け根の部分がク
ロスポイント

手のひらのCPを押した指を小指から握り込むようにグーパーを10秒

手のひらのCPを人差し指で押す

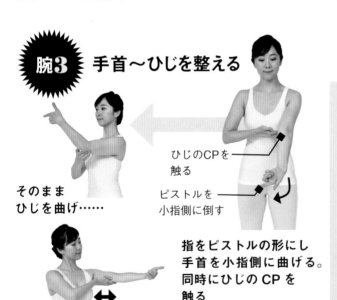

腕2 手首を整える

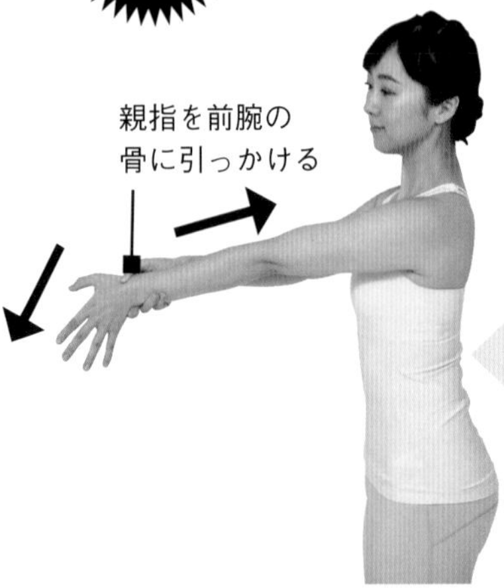
親指を前腕の
骨に引っかける

手首のくぼみにある前腕の
骨を肩側に押しながら手首
を下に４～５回倒す

手首のくぼみを親指で
グリグリ10秒ほぐす

手首のくぼみ

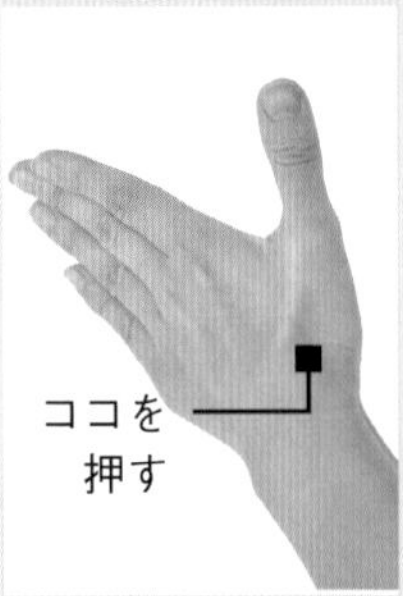
ココを
押す

親指を立てるとすじが出るが、そのときにできる手首のくぼみを刺激する。ちょうど前腕の骨と手の骨の際の部分になる。

腕3 手首～ひじを整える

そのまま
ひじを曲げ……

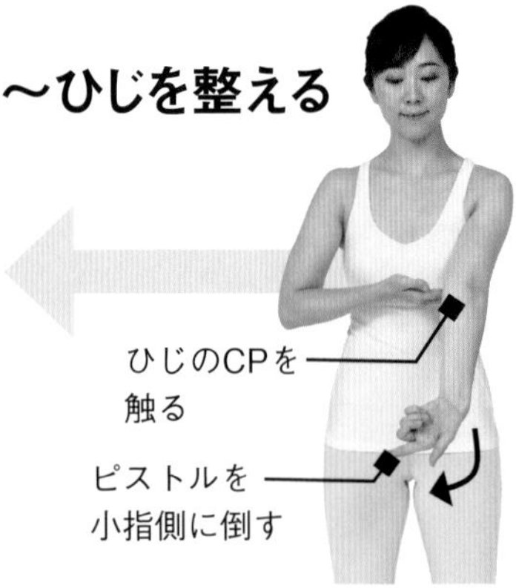
ひじのCPを
触る
ピストルを
小指側に倒す

指をピストルの形にし
手首を小指側に曲げる。
同時にひじの CP を
触る

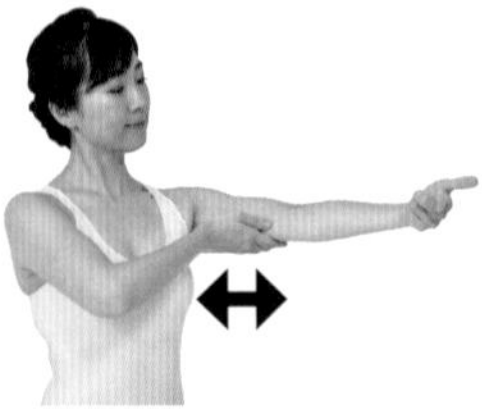

伸ばしたら上腕の裏側を
たたく or さする。３～５回

ひじのCP

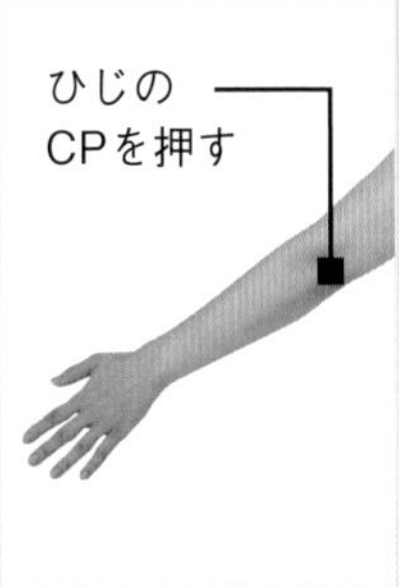
ひじの
CPを押す

ひじの骨の出っ張りの手前（上腕側）のくぼんでいる部分がひじのクロスポイント。その部分を指先で刺激する。

腕4 ひじ〜脇を整える

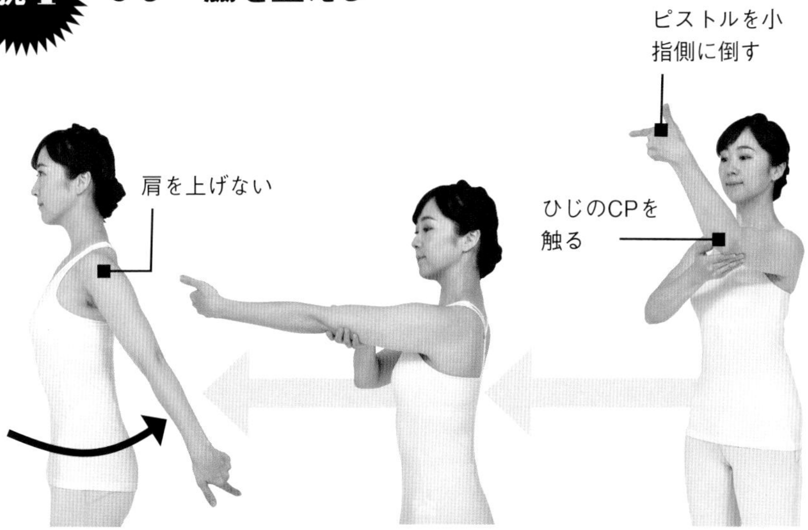
ピストルを小指側に倒す
肩を上げない
ひじのCPを触る

後ろまで腕をまわす。3〜5回

ひじを伸ばしながら…

腕3と同様にひじを曲げ…

腕5 脇を整える

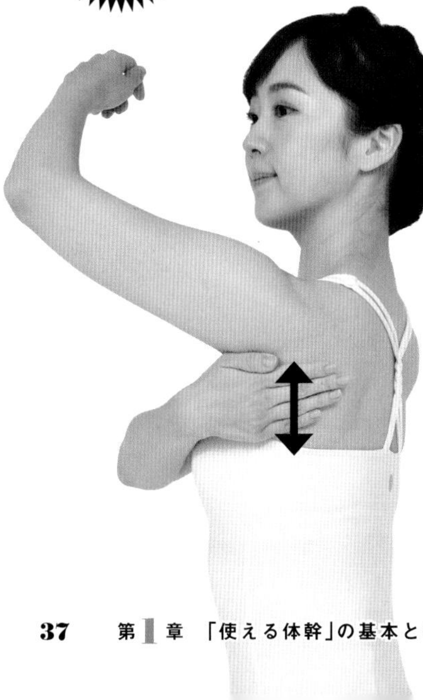

脇の下（脇のCPを含む）を10秒間さする

脇のCP

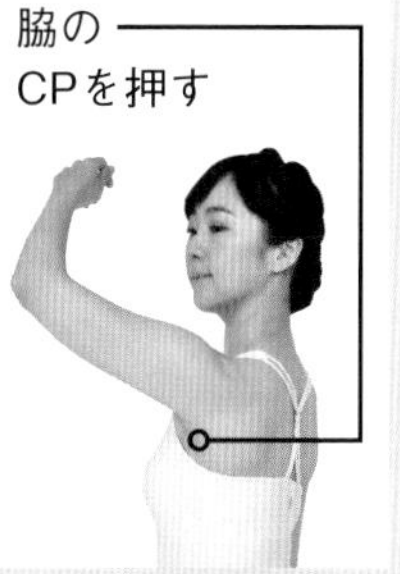
脇のCPを押す

腕の裏側をたどっていき、腕のつけ根の一番後ろの部分が脇のクロスポイント。その周辺を指先でさする。

≫「使える体幹」の基本と準備⑦

カラダに「軸」を通すと、体幹の意識が変わる！

インナー優位の姿勢をつくるための基準軸

クロスポイントを刺激し、インナーマッスルが優位な状態をつくっていくと、それらが全身でつながり、1本の軸が形成されていきます。その軸のことを「**センター軸**」といいます。

センター軸は、いわゆる一般的な重心の軸のようなものではなく、**活性化したインナーマッスルをつなげていった結果で生じる「身体意識の軸」**のこと。いい換えれば、頭頂部付近のクロスポイントから横隔膜や腸腰筋、ハムストリングス、足裏の筋群といったインナーマッスルが優位な状態になったときに基準となる姿勢ともいえます。

この軸が形成されると、アウターマッスルへの負担が軽減された状態となり、あらゆる動作を行ったときも**力みのないスムーズな動きができる**ようになります。また、この状態になれば、筋肉に偏った負荷がかからなくなるため、**ケガをしにくい**という利点もあります。

たとえば、カラダの調子がいつもより低調に感じる場合。アウターマッスルが優位になっていることが多いため、このセンター軸を意識することで、インナーマッスル優位のニュートラルな状態に戻すことができる、いわば基準のような軸といえます。「使える体幹」を起動したいなら、この軸の感覚を覚えておく必要があります。

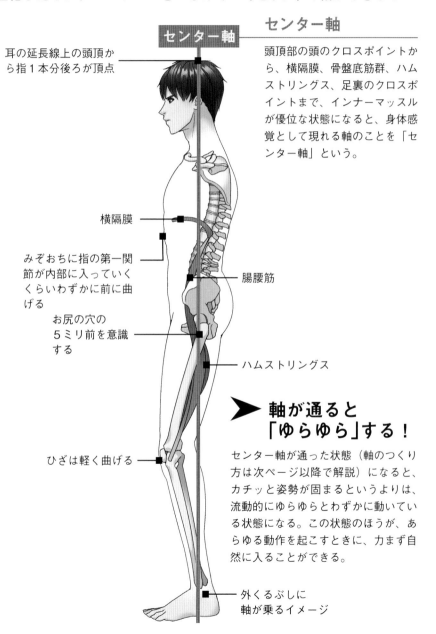

ベースとなる身体意識「センター軸」とは？

活性化したインナーマッスルをつなげていくと、1本の軸ができる！

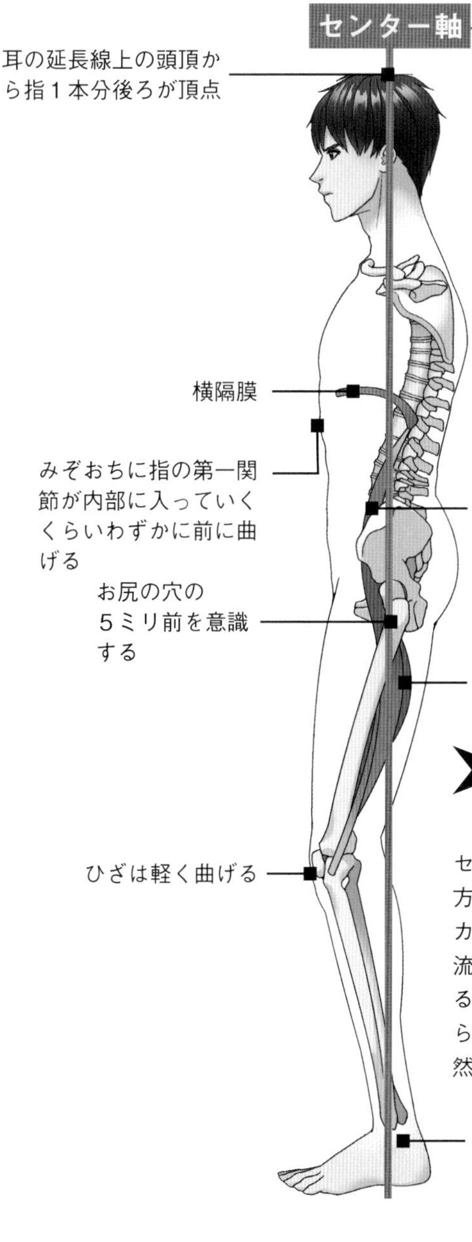

センター軸
耳の延長線上の頭頂から指1本分後ろが頂点
横隔膜
みぞおちに指の第一関節が内部に入っていくくらいわずかに前に曲げる
腸腰筋
お尻の穴の5ミリ前を意識する
ハムストリングス
ひざは軽く曲げる
外くるぶしに軸が乗るイメージ

センター軸

頭頂部の頭のクロスポイントから、横隔膜、骨盤底筋群、ハムストリングス、足裏のクロスポイントまで、インナーマッスルが優位な状態になると、身体感覚として現れる軸のことを「センター軸」という。

➤ 軸が通ると「ゆらゆら」する！

センター軸が通った状態（軸のつくり方は次ページ以降で解説）になると、カチッと姿勢が固まるというよりは、流動的にゆらゆらとわずかに動いている状態になる。この状態のほうが、あらゆる動作を起こすときに、力まず自然に入ることができる。

カラダに「軸」を通してみよう！

頭のクロスポイントから順番に軸を通すことでインナー優位の状態に！

Step1 百《ひゃく》会《え》のツボの指1本分後ろを触わる!

右記のポイントに触わり、
位置の感覚を得る！

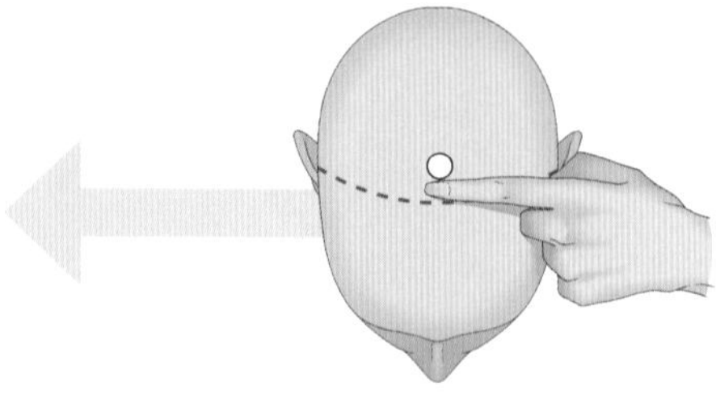

耳の延長線上の頭頂部にある
百会のツボから指1本分後ろ

Step2 みぞおちを指の第一関節が入るくらい軽く曲げる!

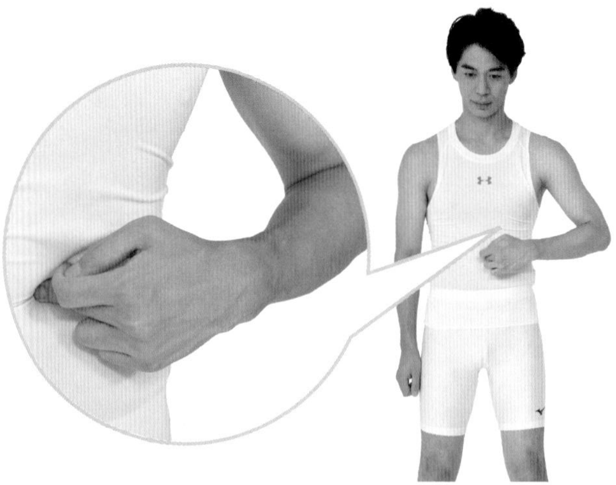

硬かったり、痛かったり
する場合は、かなり体幹
が機能していない

背骨を曲げようとする
意識は不要！

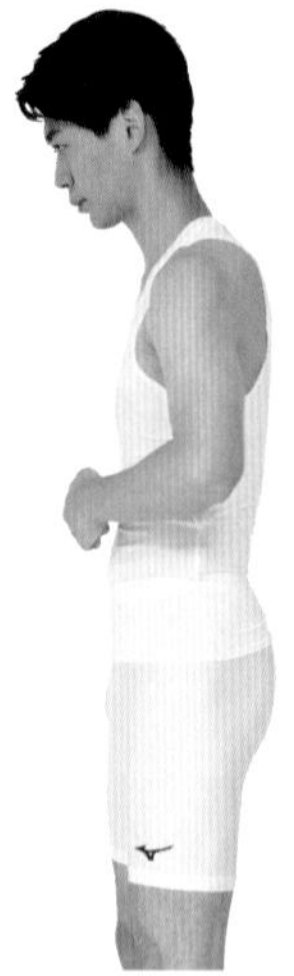

みぞおちの内側に指の
第一関節が入るくらい
軽く曲げる

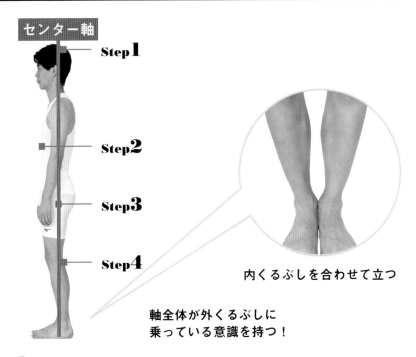

Step3 お尻の穴の5ミリ前を意識する!

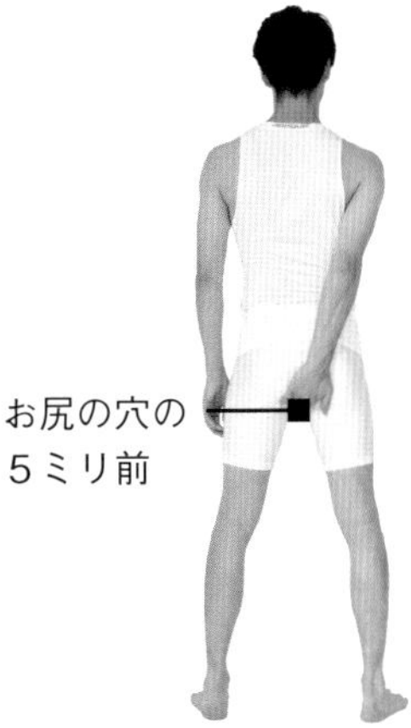
お尻の穴の
5ミリ前

股の間から手で直接触わる

Step4 ひざを軽く曲げる!

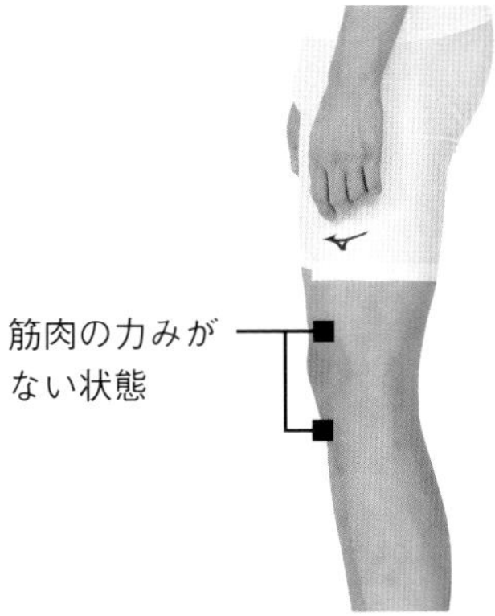
筋肉の力みがない状態

ひざを張らない程度に
軽く曲げる!

Step5 内くるぶしを合わせ、外くるぶしに軸を乗せる!

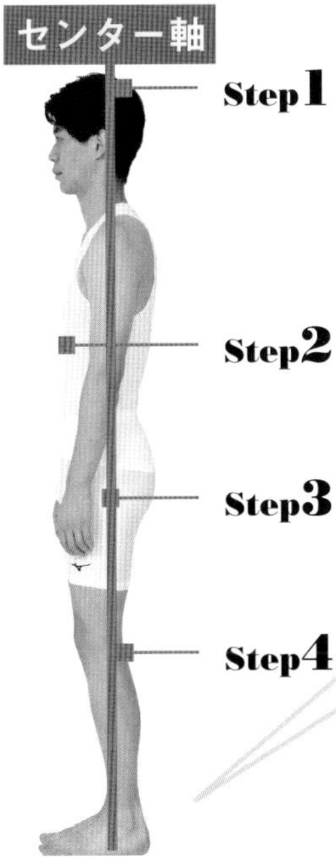
センター軸
Step1
Step2
Step3
Step4

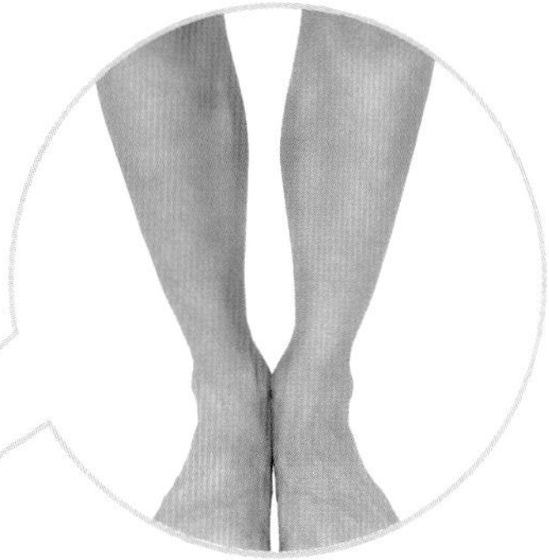

内くるぶしを合わせて立つ

軸全体が外くるぶしに
乗っている意識を持つ!

≫「使える体幹」の基本と準備⑧

呼吸を整えて「横隔膜」に意識を向ける！

横隔膜を刺激して使える体幹にスイッチ！

　インナーマッスルを優位にする基準「センター軸」を通したところで、次のステップとして、いよいよ「使える体幹」のカギを握る横隔膜へのアプローチに入ります。**横隔膜をコントロールするには、呼吸を自在に調整する**ことが求められます。しかし、現在のストレスフルな社会環境のなかで生活していると、横隔膜のあるみぞおち周辺が硬くなっているケースが多く見られます。みぞおちの皮膚をつまんだり、押したりした際に、軽く痛みを感じる場合は、横隔膜の動きが悪く、固まっていることが考えられます。そのため、事前にセンター軸を通し、インナーマッスルを活性化させておくことが重要です。

　また、横隔膜に意識を向けるための「**呼吸のワーク**」を実施する前に、前提として口のなかを「**舌路**《ぜつろ》」の状態にしておくことも大切。舌を上あごにつけておくことを舌路といいますが、その状態で鼻呼吸することで、体幹内のインナーマッスルを活性化させることができます。今後、どのような動作を行う場合も**舌路のポジションが基本となる**ので、覚えておきましょう。

　まずは、横隔膜をコントロールする初歩的な訓練「5つの基本ワーク」を行い、横隔膜を上げ下げする感覚を養いながら「使える体幹」を起動させていきましょう。

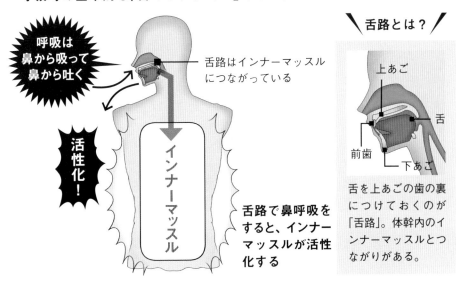

呼吸は「舌路《ぜつろ》」で鼻から吸って鼻から吐く！

呼吸時の基本的な「舌のポジション」でインナーマッスルを活性化！

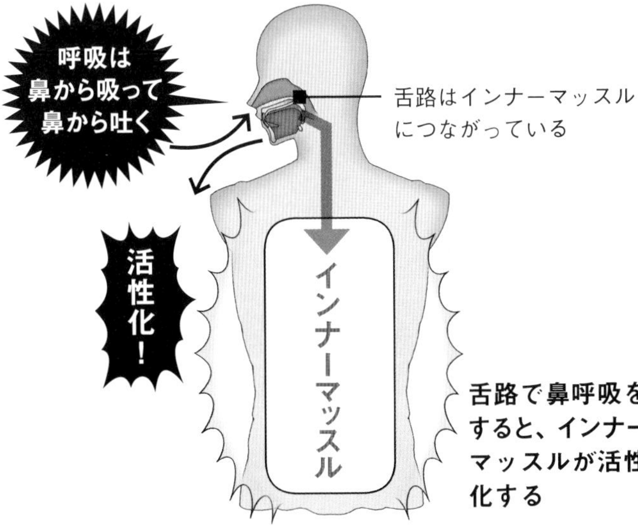

呼吸は
鼻から吸って
鼻から吐く
舌路はインナーマッスル
につながっている
活性化！
インナーマッスル

舌路で鼻呼吸をすると、インナーマッスルが活性化する

舌路とは？

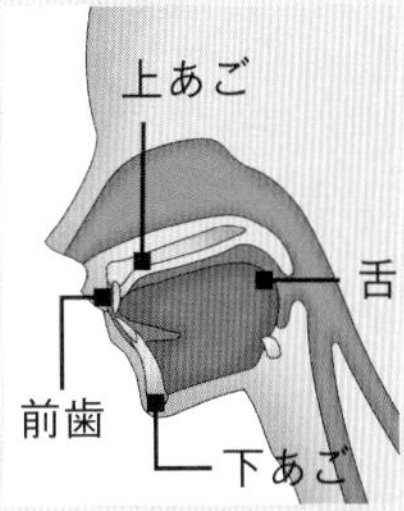

上あご
舌
前歯
下あご

舌を上あごの歯の裏につけておくのが「舌路」。体幹内のインナーマッスルとつながりがある。

胸とお腹で「横隔膜」と「骨盤底筋群」を操る！

胸とお腹をそれぞれふくらませることで、横隔膜の動きを感じよう！

お腹をふくらませる
||
横隔膜＆骨盤底筋群 DOWN

鼻で息を吸い、
腰を広げる
感覚でお腹を
ふくらませる

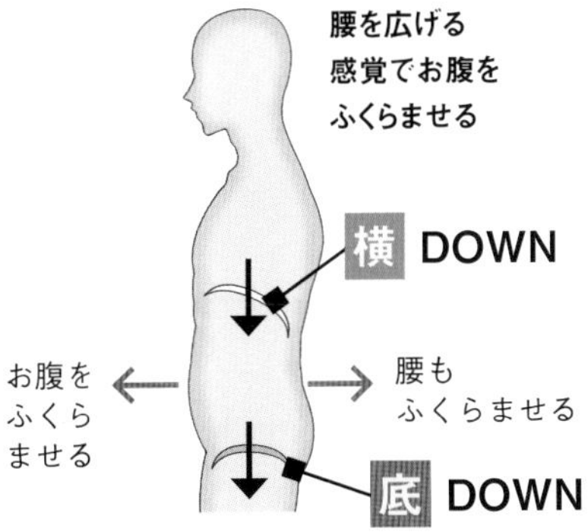

横 DOWN
お腹を
ふくら
ませる
腰も
ふくらませる
底 DOWN

胸をふくらませる
||
横隔膜＆骨盤底筋群 UP

鼻で息を吸い、
背中を広げる
感覚で胸を
ふくらませる

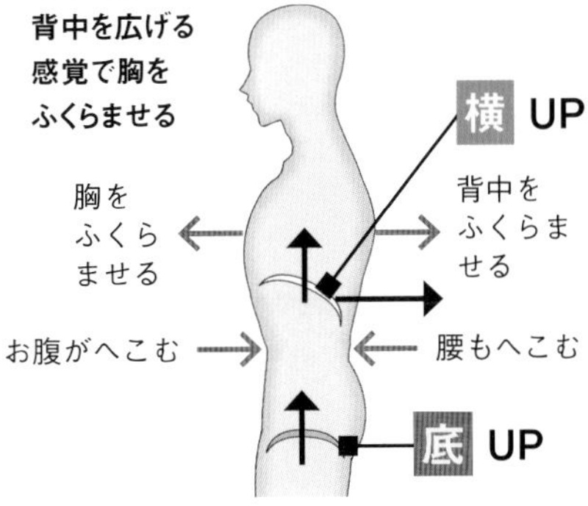

横 UP
胸を
ふくら
ませる
背中を
ふくらま
せる
お腹がへこむ
腰もへこむ
底 UP

5つの基本ワークで「使える体幹」を起動せよ!

横隔膜をコントロールしながら「使える体幹」のスイッチを入れる！

1 基本の呼吸ワークで横隔膜を動かす

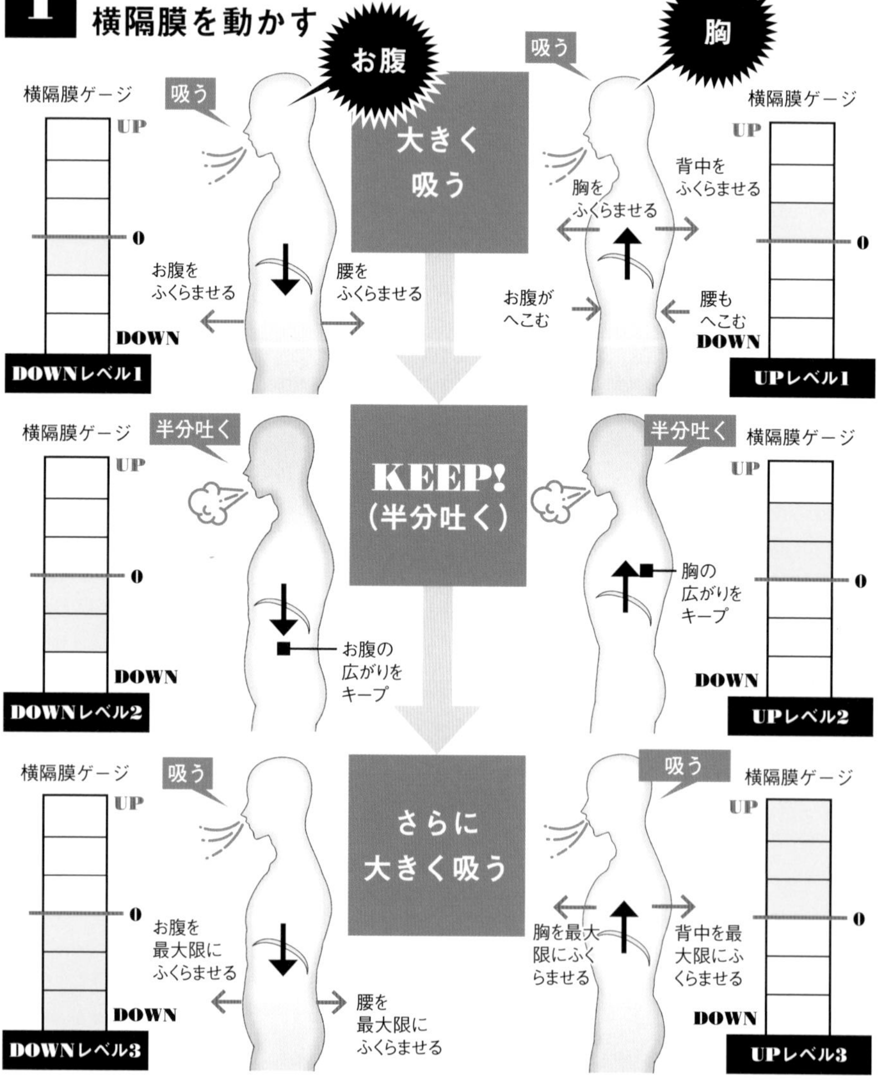

横隔膜ゲージ
UP
0
DOWN
DOWNレベル1
吸う
お腹
お腹をふくらませる
腰をふくらませる
大きく吸う
胸
吸う
胸をふくらませる
背中をふくらませる
お腹がへこむ
腰もへこむ
横隔膜ゲージ
UP
0
DOWN
UPレベル1
横隔膜ゲージ
UP
0
DOWN
DOWNレベル2
半分吐く
お腹の広がりをキープ
KEEP!(半分吐く)
半分吐く
胸の広がりをキープ
横隔膜ゲージ
UP
0
DOWN
UPレベル2
横隔膜ゲージ
UP
0
DOWN
DOWNレベル3
吸う
お腹を最大限にふくらませる
腰を最大限にふくらませる
さらに大きく吸う
吸う
胸を最大限にふくらませる
背中を最大限にふくらませる
横隔膜ゲージ
UP
0
DOWN
UPレベル3

2 ためた呼吸(球体)を胸からお腹に移動させる！

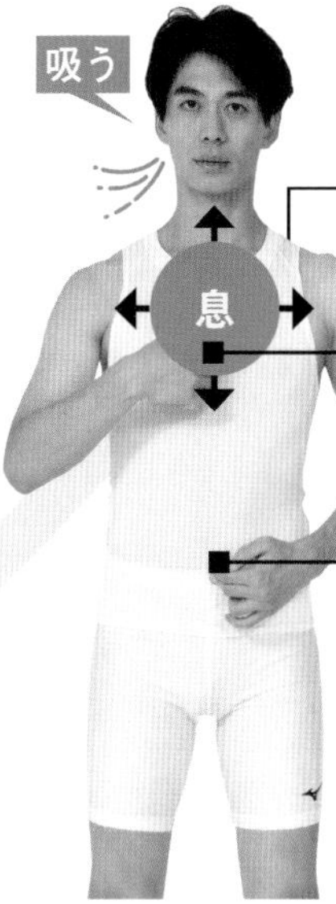
呼吸は背中からためる
息の球体を胸につくるイメージ
へそから指4本下

胸の真ん中と下腹部に手を当て胸に呼吸をためる

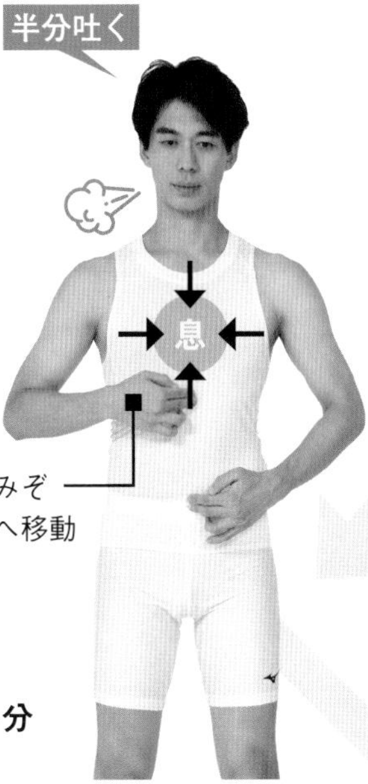
手はみぞおちへ移動

息を半分吐く

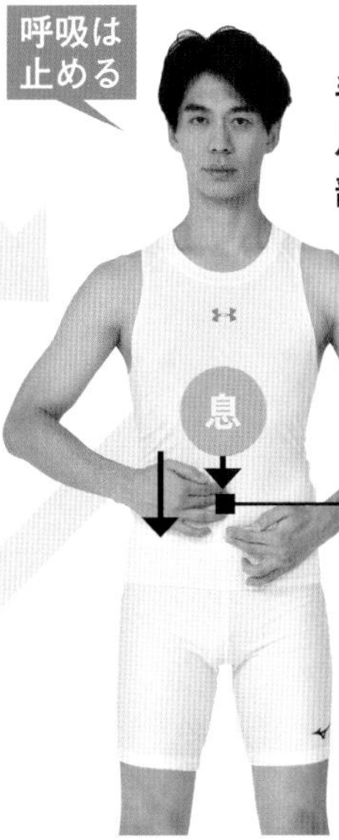
手で導く

手で導きながら息の球体を下腹部に移動させる

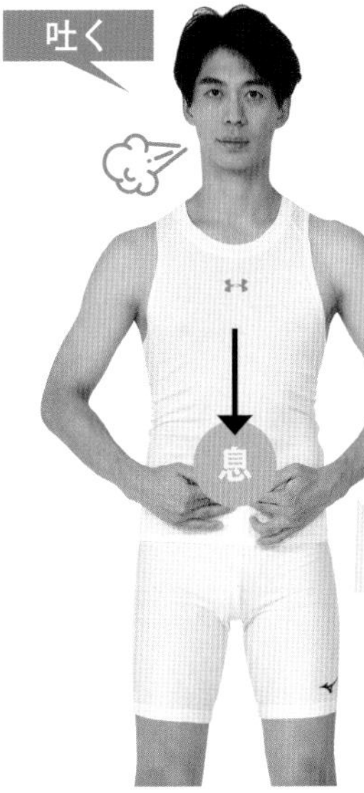

息の球体を下腹部に移動させたら、残りの息を吐く

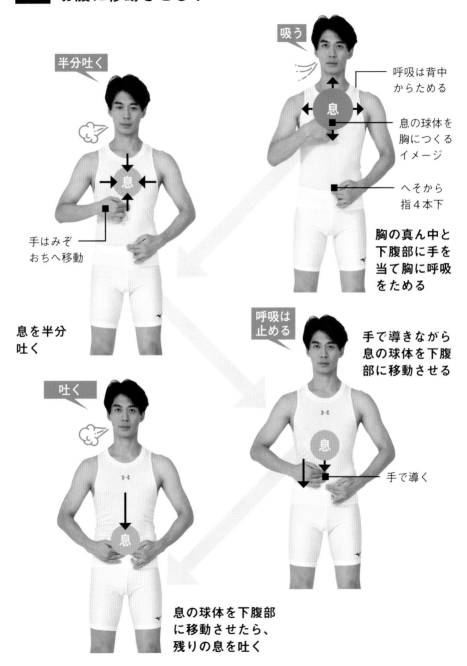

3 ためた呼吸(球体)を上下に移動させる！

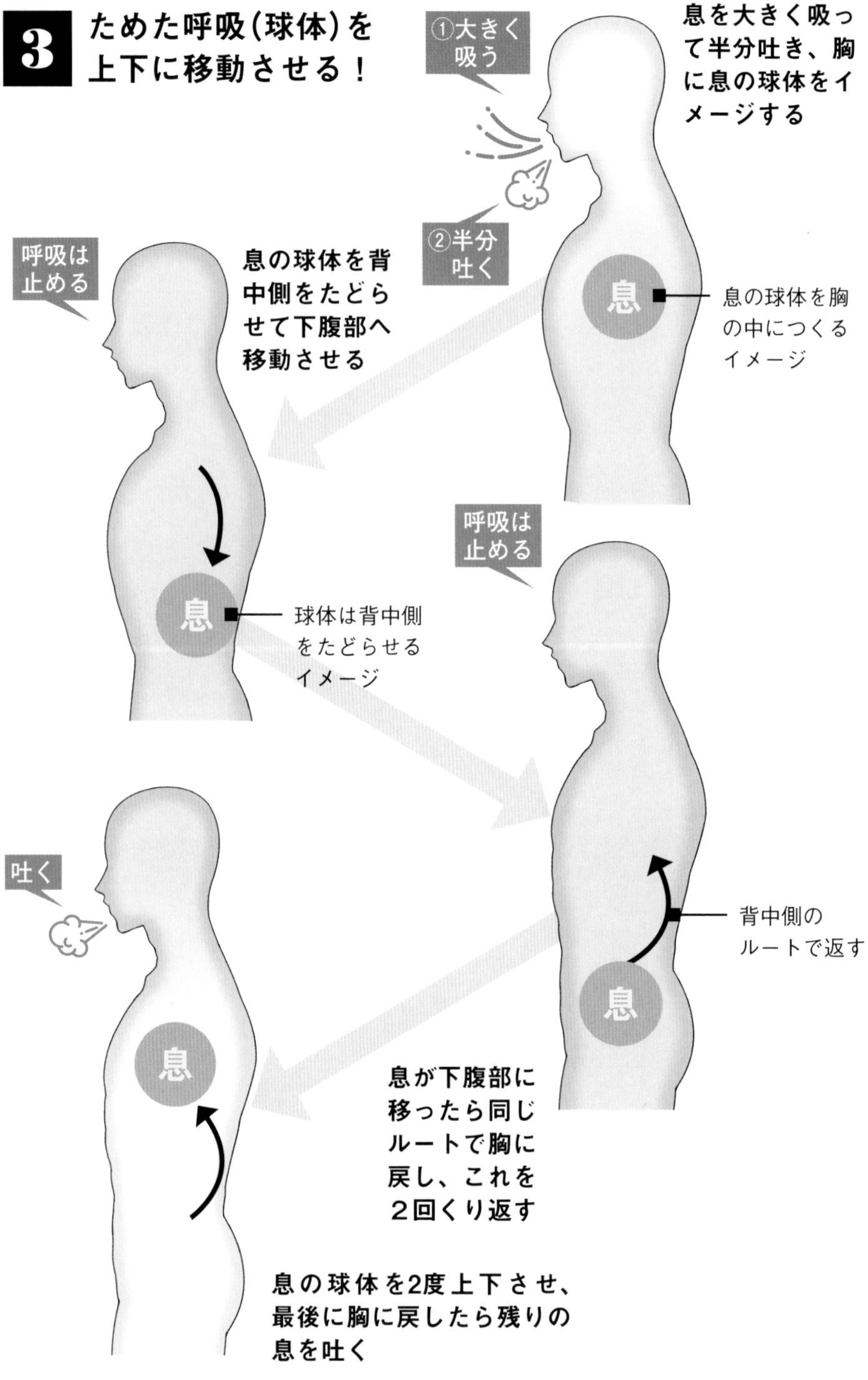
①大きく吸う
②半分吐く
息を大きく吸って半分吐き、胸に息の球体をイメージする
息
息の球体を胸の中につくるイメージ
呼吸は止める
息の球体を背中側をたどらせて下腹部へ移動させる
息
球体は背中側をたどらせるイメージ
呼吸は止める
息
背中側のルートで返す
息が下腹部に移ったら同じルートで胸に戻し、これを２回くり返す
吐く
息
息の球体を2度上下させ、最後に胸に戻したら残りの息を吐く

4 脇のクロスポイントを刺激しながら肩をまわす！

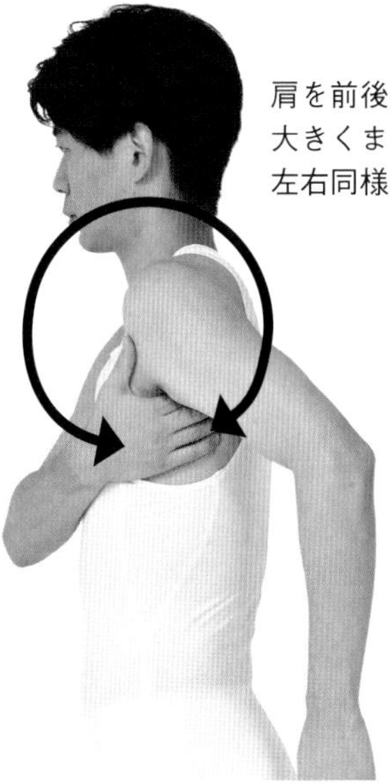

肩を前後に
大きくまわす。
左右同様に

肩を大きくまわす

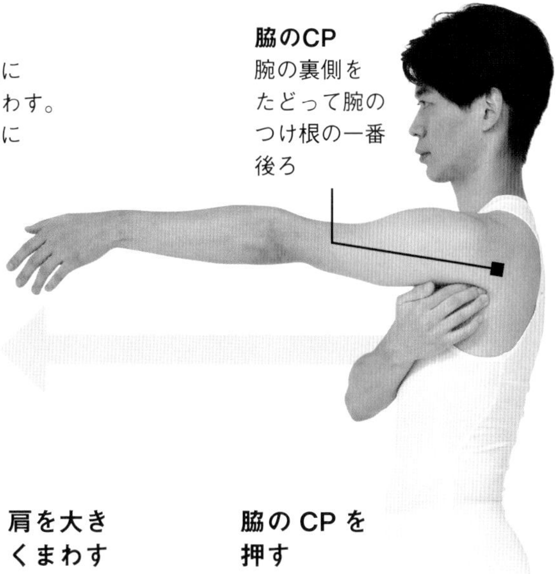

脇のCP
腕の裏側をたどって腕のつけ根の一番後ろ

脇のCPを押す

5 みぞおちでひざを上げ下げする！

横隔膜を上げた状態にし、片脚で立つ。ひざを上げるときは、股関節をみぞおちに近づける感覚で上げる。左右各3〜5回ほどひざを上げ下げする

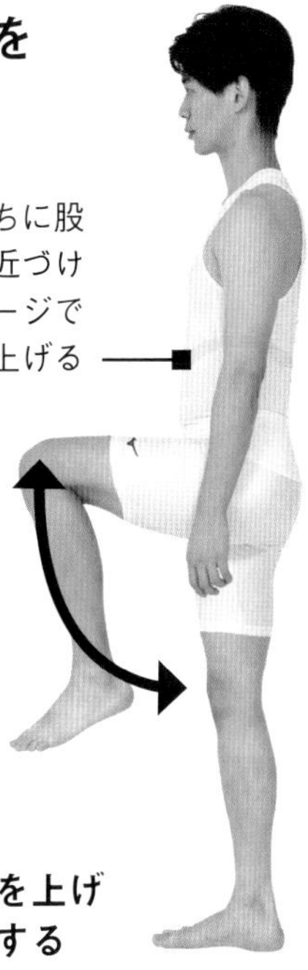

みぞおちに股関節を近づけるイメージでひざを上げる

ひざを上げ下げする

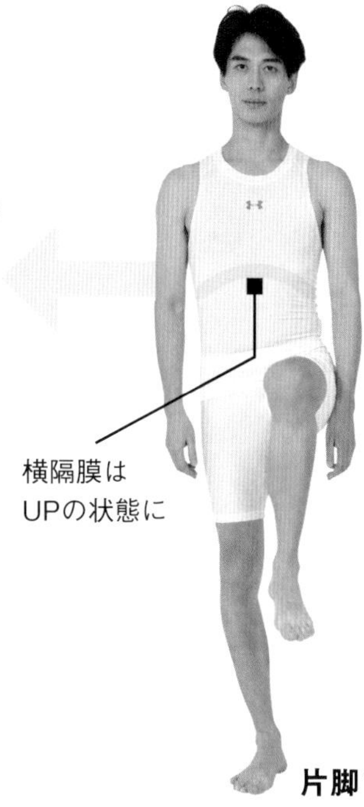

横隔膜はUPの状態に

片脚で立つ

新体幹コラム 1

「使える体幹」でこんなに変わった！「トライアスロンの自己記録を更新！」（47歳女性）

私はトライアスロンをしており、ランとスイムとバイクのトレーニングをしています。以前にスイムとランのコーチから「反り腰を直さないと上達しない」「もっと脱力して」とアドバイスを受けていたのですが、どのようにすれば改善できるのかがわからず、ずっと悩んでいました。

そんなとき、横隔膜と骨盤底筋群を意識した「使える体幹」のメソッドを知りました。インナーマッスル優位の体幹の使い方を身につけることで、私のパフォーマンスは、大きく変わったのです。一番大きな変化は、お腹や背中のこわばりがとれたこと。脱力の感覚を得たおかげで、悩みのタネだった「反り腰」が改善され、３種目すべてでフォームがよくなったといわれるようになりました。現在も競技のタイムは、どんどん上がっています。

また、横隔膜を意識的にコントロールできるようになったために、とても呼吸がしやすくなり、長時間の運動もラクに続けられるようになりました。自然に脱力する感覚も身についてきて、カラダの中心に軸を感じながら、手足はフワフワとラクに動かせるのがとても気持ちいいです。体幹のワークも大変だなと思うこともなく、シンプルで続けやすいと感じています。

スポーツや運動をしている方にオススメしたいですが、私としては習慣的に運動をしていない方にもやってみてほしいです。朝の10分間に体幹を意識するだけでも、カラダのパフォーマンスが劇的に向上します。階段の上り下りや、重い荷物を運ぶといった日常動作も、非常にスムーズに行えるようになるので、「使える体幹」を学んで本当によかったです。

第2章

「横隔膜」と「骨盤底筋群」の使い方

横隔膜への
意識で変わる!

STEP01

基礎力アップの新体幹トレーニング!

»「横隔膜」と「骨盤底筋群」の使い方①

横隔膜を動かし体幹をコントロール

第1章では、呼吸をコントロールしながら、横隔膜に意識を向けて「使える体幹」のスイッチをON状態に整えました。つまり、これでインナーマッスルに刺激が入り、効率的に動く準備ができたという状態です。

ここからは、次のステップに入ります。**すなわち、横隔膜や骨盤底筋群を動かし、体幹をコントロールする具体的な方法**を訓練していきます。

P24で、横隔膜を基準に上下に区分けすると解説しましたが、体幹を具体的に使っていくためには、この「**体幹の上下**」がポイントになってきます。体幹の上部、つまり肋骨に囲まれた胸郭の部分と、体幹の下部、骨盤を含む腹部のスペースを意識し、横隔膜をコントロールします。

また、体幹の上下は、動作の軽さや安定感に影響を与えますが、これに加え、**胸郭と腹部それぞれの前後のスペースもイメージする**ことで、前後のバランスもコントロールしていきます。

横隔膜を動かす訓練として、前章でも使った「**息の球体**」をイメージするトレーニングを行います。息の球体を体幹の意図したスペースに動かすことで、**横隔膜のポジションを自在に操る技術**を身につけていきます。最初は難しく感じるかもしれませんが、段階を踏んでいくと感覚がつかめてくるはずです。

横隔膜を前後にコントロール（胸編）

胸郭のスペースを使って横隔膜を前後に動かす！

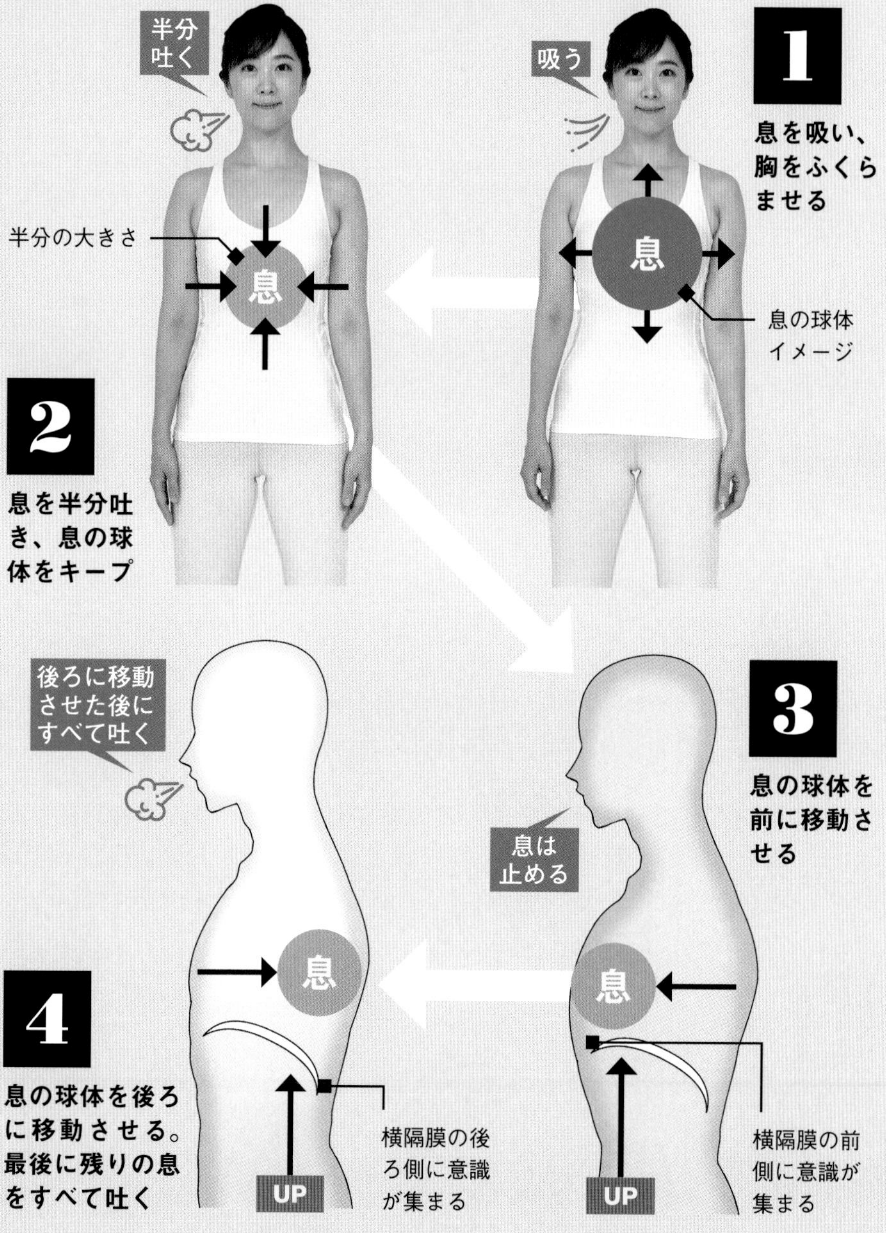

1
息を吸い、胸をふくらませる
吸う
息
息の球体イメージ
2
息を半分吐き、息の球体をキープ
半分吐く
半分の大きさ
息
3
息の球体を前に移動させる
息は止める
息
横隔膜の前側に意識が集まる
UP
4
息の球体を後ろに移動させる。最後に残りの息をすべて吐く
後ろに移動させた後にすべて吐く
息
横隔膜の後ろ側に意識が集まる
UP

横隔膜を前後にコントロール(お腹編)

腹部のスペースを使って横隔膜を前後に動かす!

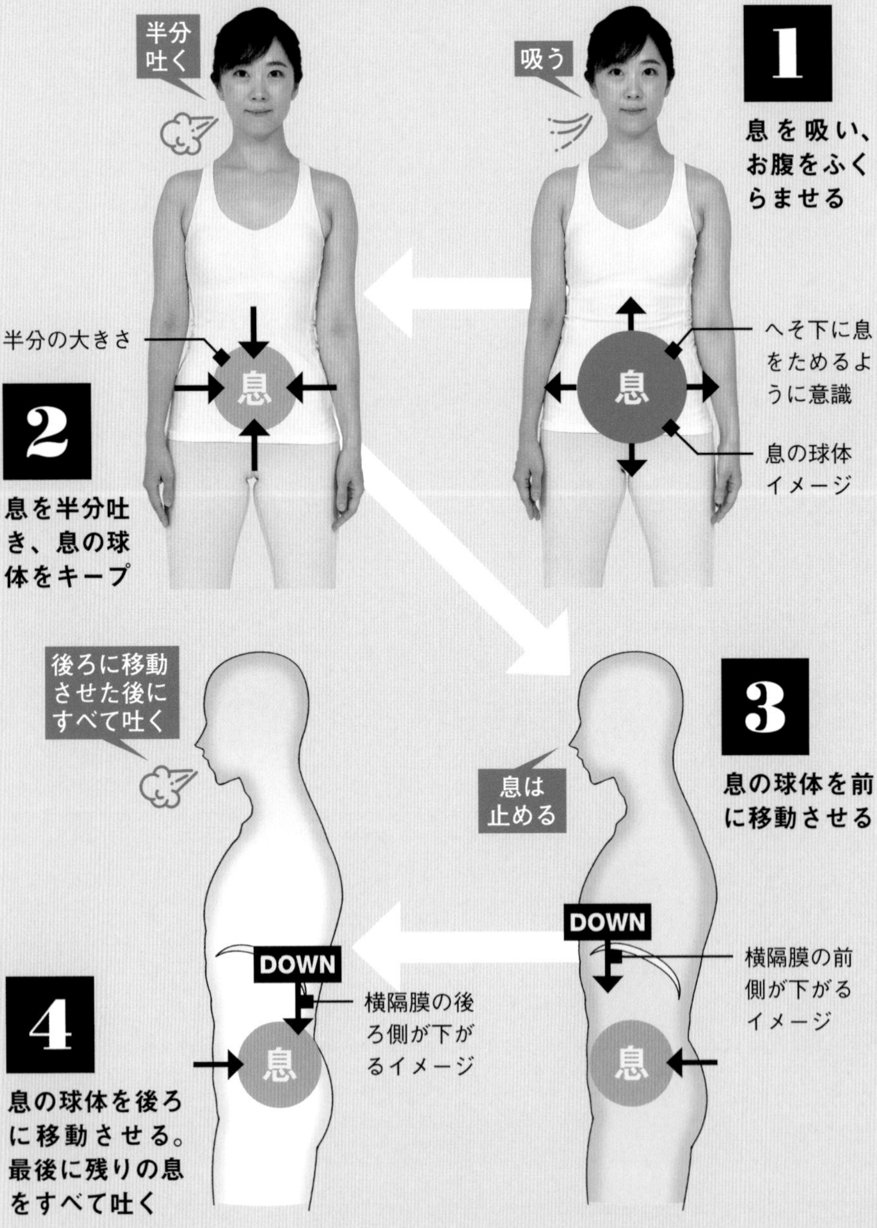
1
息を吸い、お腹をふくらませる
吸う
へそ下に息をためるように意識
息の球体イメージ
息
2
息を半分吐き、息の球体をキープ
半分吐く
半分の大きさ
息
3
息の球体を前に移動させる
息は止める
DOWN
横隔膜の前側が下がるイメージ
息
4
息の球体を後ろに移動させる。最後に残りの息をすべて吐く
後ろに移動させた後にすべて吐く
DOWN
横隔膜の後ろ側が下がるイメージ
息

横隔膜を前後・上下にコントロール

胸郭と腹部のスペースを使って横隔膜を前後・上下に動かす！

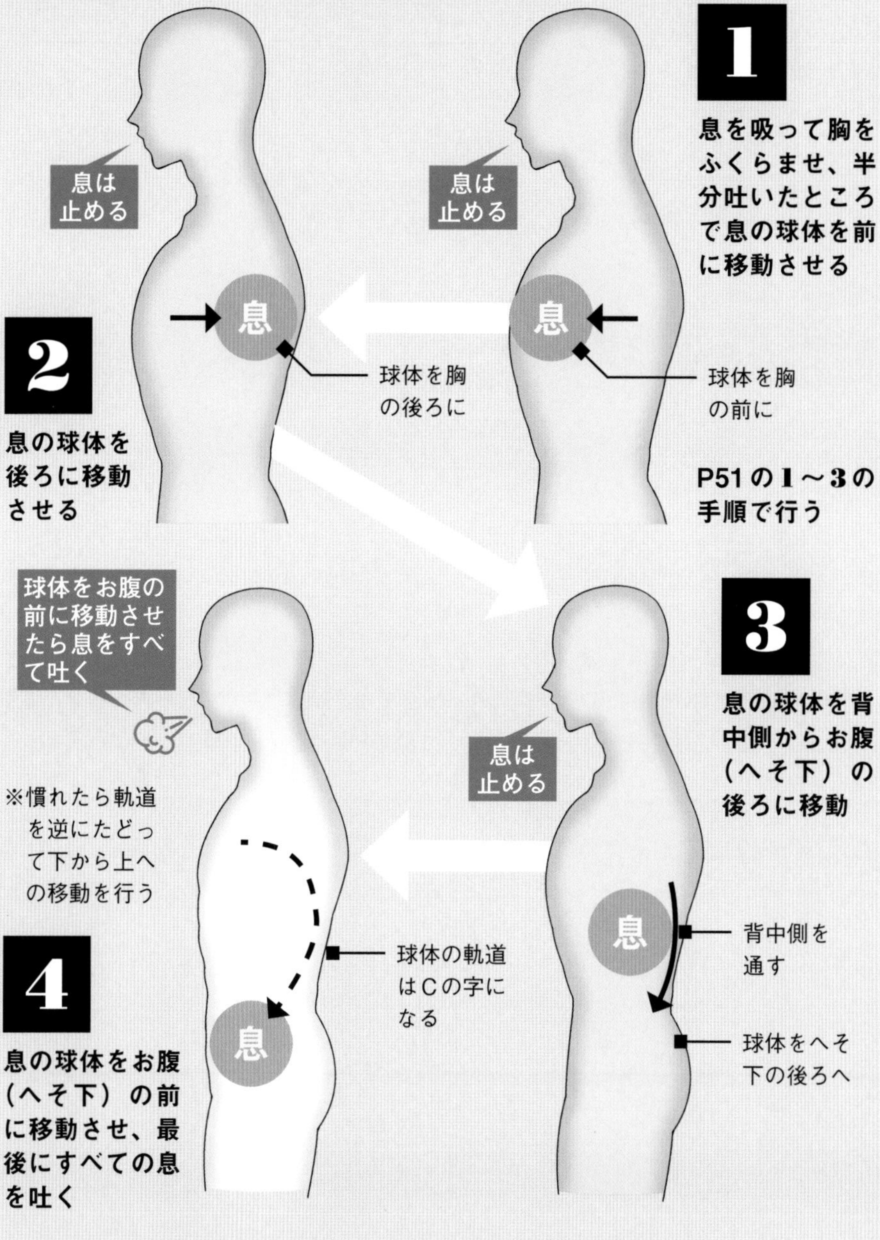
1
息を吸って胸をふくらませ、半分吐いたところで息の球体を前に移動させる
息は止める
息
球体を胸の前に
P51の1～3の手順で行う
2
息の球体を後ろに移動させる
息は止める
息
球体を胸の後ろに
3
息の球体を背中側からお腹（へそ下）の後ろに移動
息は止める
息
背中側を通す
球体をへそ下の後ろへ
4
息の球体をお腹（へそ下）の前に移動させ、最後にすべての息を吐く
球体をお腹の前に移動させたら息をすべて吐く
※慣れたら軌道を逆にたどって下から上への移動を行う
息
球体の軌道はCの字になる

下半身と
連動する

STEP02

体幹の下部を使い込め!

≫「横隔膜」と「骨盤底筋群」の使い方②

下半身の動きの起点ロウアーボディとは?

下半身の動きは、太ももからつま先に至る関節が連動することで生み出されます。脚の骨は太ももの大腿骨から始まりますが、大腿骨と体幹をつないでいるのが、骨盤にある**股関節**です。

股関節の動きを担う重要なインナーマッスルは、背骨から骨盤内部を通り、大腿骨につながる「**腸腰筋**」という筋肉です。そして、腸腰筋はちょうど太もも前面のつけ根(そ径部のクロスポイント)を通ります。腸腰筋は、横隔膜とつながっているので、**下半身の動きの起点は、横隔膜から腸腰筋、つまり、みぞおちからそ径部の体幹下部エリアが担っている**といえます。

本書ではこの体幹下部エリアを「**ロウアーボディ**」と呼んでいます。下半身の動きを「使える体幹」主導で動かすには、このロウアーボディを自在にコントロールすることが重要です。ここでポイントになる動作が、「**みぞおち**」**と「そ径部」を引き上げたり、下げたりする**こと。この動作感覚がつかめないと、動きだけを追って、腹直筋や大殿筋といったアウターマッスルに力が入ってしまいます。お腹もお尻も力が抜けた状態で、インナーマッスルである腸腰筋を使って動かすことが求められます。

前項で学んだ「息の球体」を使いながら、これらの動作感覚を身につけましょう。

下半身を動かす「ロウアーボディ（体幹の下部）」の考え方

横隔膜と股関節（そ径部）の間のエリアをコントロール！

＼下半身を軽くする／

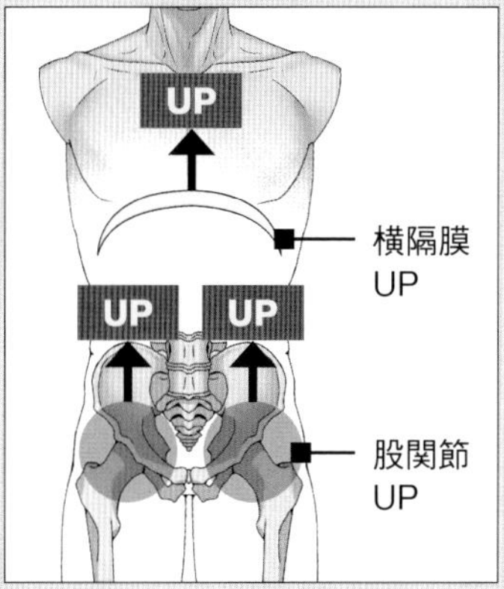

横隔膜を引き上げ、同時に股関節（そ径部）をみぞおちに向けて引き上げると、下半身が軽くなる。

＼下半身を安定させる／

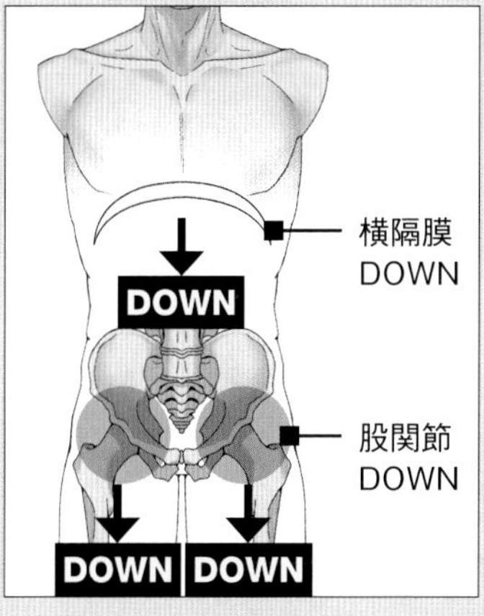

股関節（そ径部）を下げ、横隔膜（みぞおち）をそ径部に向けて引き下げると、下半身が安定する。

ロウアーボディ

横隔膜（みぞおち）から股関節（そ径部）までの体幹下部エリア。下半身の動きの起点となる。

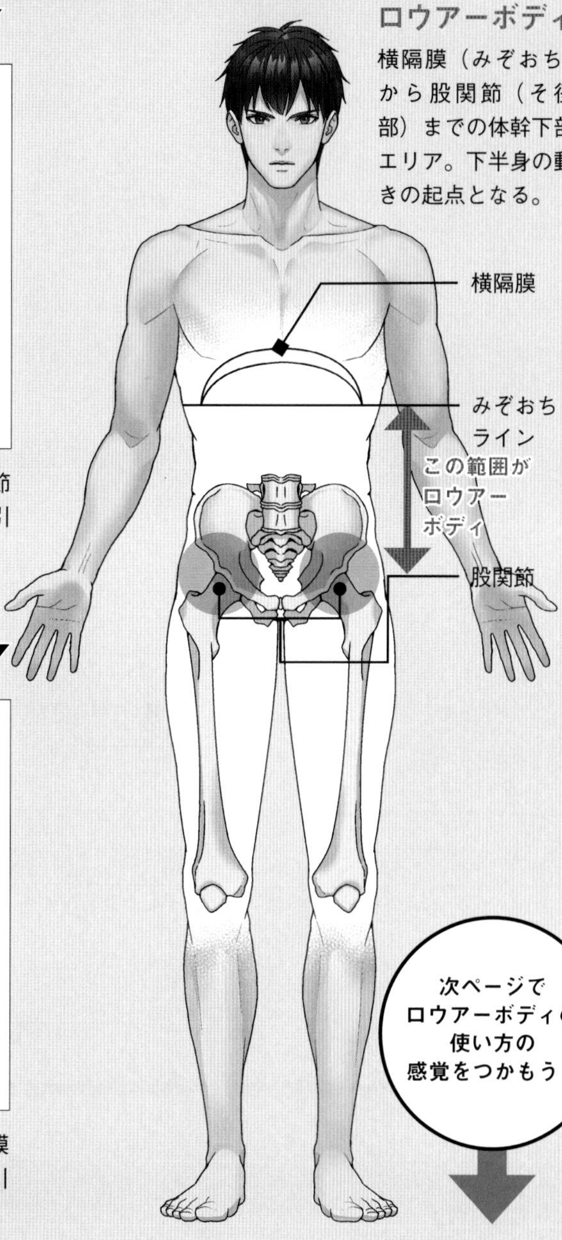

次ページで
ロウアーボディの
使い方の
感覚をつかもう！

尾骨のたくし込み

力を使わずに、みぞおちと股関節を近づける動作感覚をつかむ

1

みぞおちのクロスポイントと尾骨を触る

2

みぞおちのクロスポイントと尾骨を押す

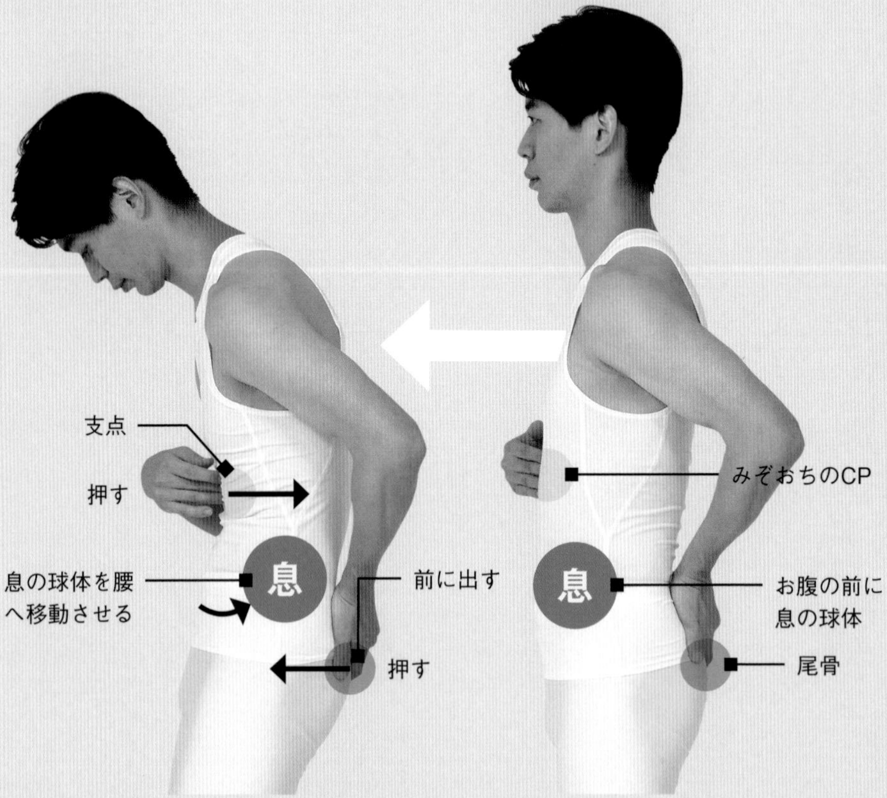

支点
押す
息の球体を腰へ移動させる
息
前に出す
押す
みぞおちのCP
息
お腹の前に息の球体
尾骨

➤ 力を入れずに股関節がみぞおちに近づくイメージ

股関節をみぞおちに近づける動作感覚を身につけるトレーニング。しかし、形だけを追ってしまうと、お腹やお尻に力を入れて動かしてしまうことが多い。力を抜いた状態から手で押すことで、みぞおちと股関節を動かす感覚をつかんでいく。

ロウアーボディの感覚トレーニング②

みぞおち下げ

横隔膜を股関節に向かって引き下げる感覚トレーニング

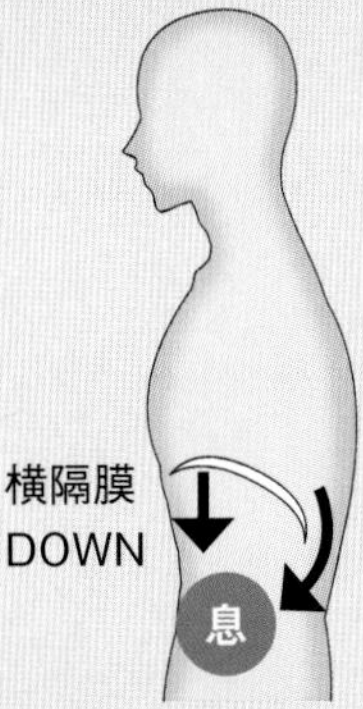
横隔膜
DOWN
息

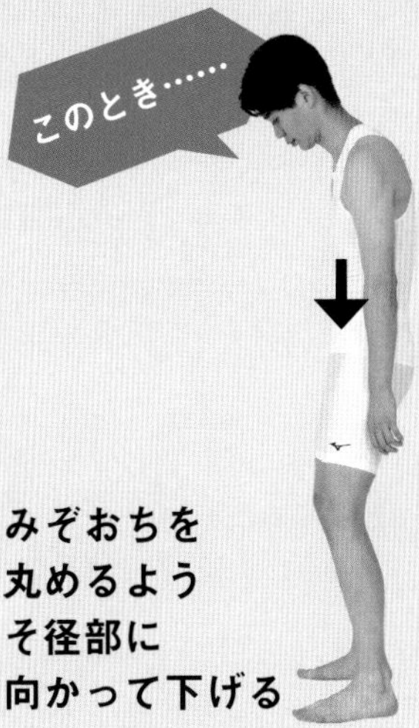
このとき……

息の球体は腰からお腹の前へ

みぞおちを丸めるようそ径部に向かって下げる

肩幅で立ち、そ径部をさする

ロウアーボディの感覚トレーニング③

そ径部の引き上げ

股関節を横隔膜に向かって引き上げる感覚トレーニング

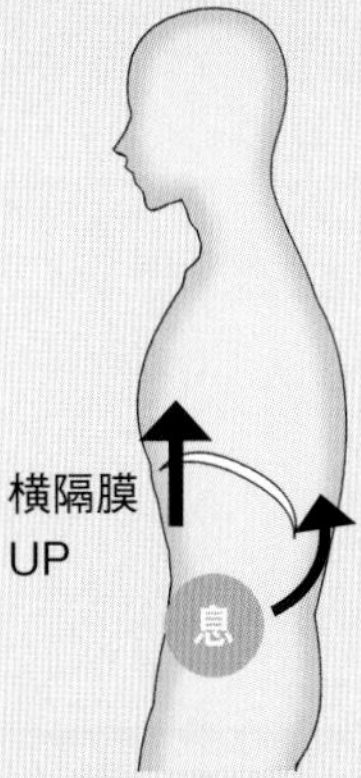
横隔膜
UP
息

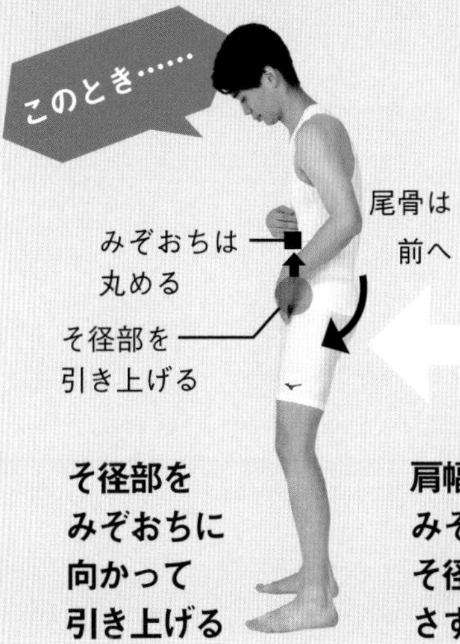
このとき……
尾骨は
前へ
みぞおちは
丸める
そ径部を
引き上げる

息の球体はお腹の前から腰に向かって移動

そ径部をみぞおちに向かって引き上げる

肩幅で立ち、みぞおちとそ径部をさする

上半身と
連動する

STEP03

体幹の上部を使い込め！

「横隔膜」と「骨盤底筋群」の使い方③

横隔膜に加え、胸鎖関節で変化を！

上半身の動きこそ、運動のエネルギーの核は体幹にあるといえます。とくに上半身の動きの中心を担う腕は、体幹を使わずして最高のパフォーマンスを発揮できません。

腕というと、その見た目上、肩から先のことだと思いがちですが、骨格で見るとそうでないことがわかります。たとえば、腕を真上に伸ばしたとき、肩から折れ曲がって腕だけ上がる人はいないはず。のどの下にある鎖骨のつなぎ目（胸鎖関節《きょうさかんせつ》）から鎖骨も一緒に動いているのがわかると思います。同時に背中に手をまわして触ってみると、肩甲骨も動いているのがわかります。腕の始まりである上腕骨は、肩関節で肩甲骨とつながり、肩甲骨は鎖骨とつながっています。さらに、鎖骨は胸の中央にある胸骨に**胸鎖関節**でつながっています。つまり、**腕のつけ根は、鎖骨と肩甲骨であり、それは体幹の内部にある**ということ。肩甲骨周辺の筋肉や脇の下にある前鋸筋といったインナーマッスルが、腕の動きに大きく影響します。

これらのインナーマッスルは、**みぞおちより上部のエリア「アッパーボディ」**に分類されます。横隔膜の上げ下げに加え、**腕の起点「胸鎖関節」をコントロールすることで、上半身の動作の軽さや安定感に、さらに一歩進んだ変化を与える**ことができるのです。

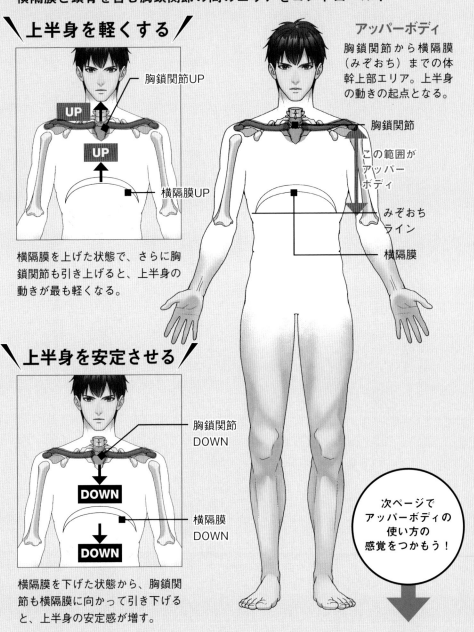

上半身を動かす「アッパーボディ（体幹の上部）」の考え方

横隔膜と鎖骨を含む胸鎖関節の間のエリアをコントロール！

上半身を軽くする

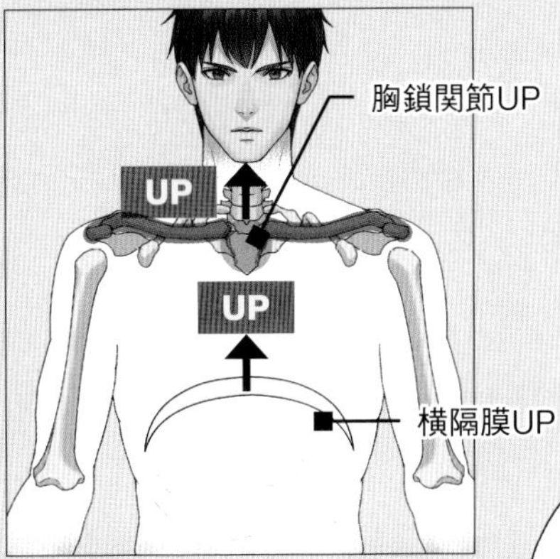
胸鎖関節UP
UP
UP
横隔膜UP

横隔膜を上げた状態で、さらに胸鎖関節も引き上げると、上半身の動きが最も軽くなる。

アッパーボディ

胸鎖関節から横隔膜（みぞおち）までの体幹上部エリア。上半身の動きの起点となる。

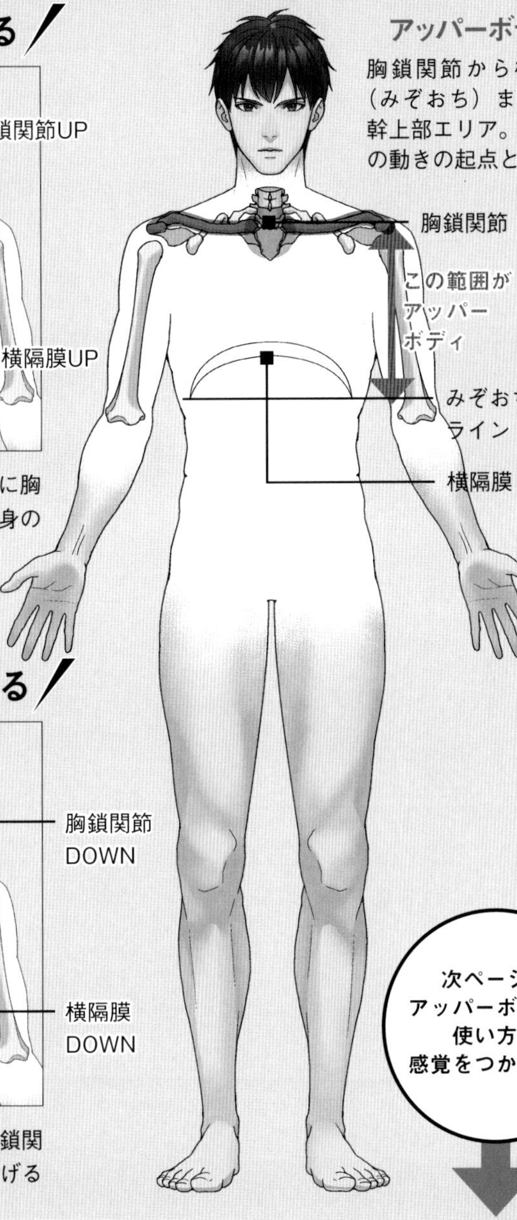
胸鎖関節
この範囲がアッパーボディ
みぞおちライン
横隔膜

上半身を安定させる

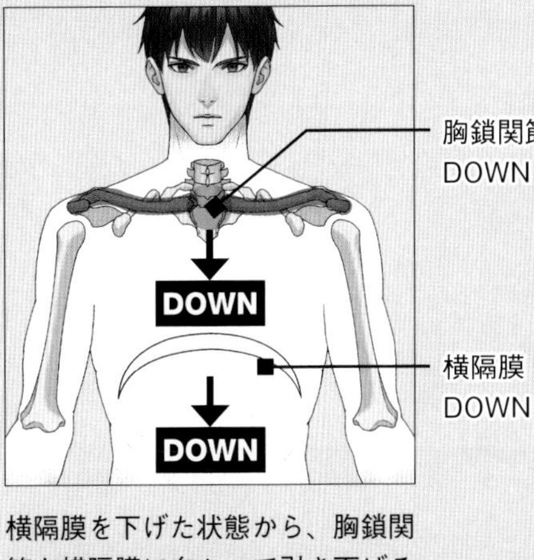
胸鎖関節DOWN
DOWN
横隔膜DOWN
DOWN

横隔膜を下げた状態から、胸鎖関節も横隔膜に向かって引き下げると、上半身の安定感が増す。

次ページでアッパーボディの使い方の感覚をつかもう！

横隔膜を基準にした
アッパーボディの4つの動き

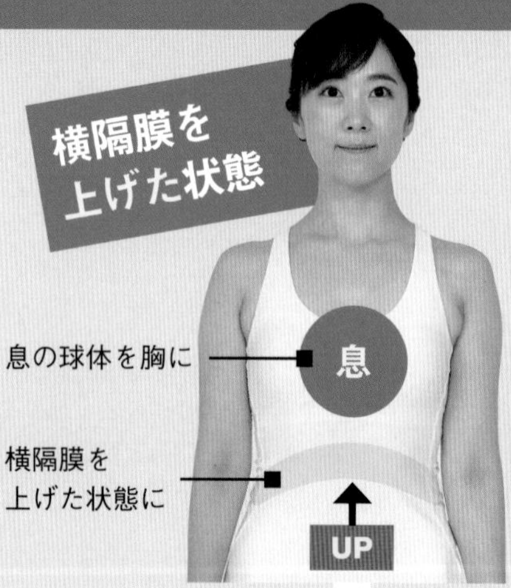

基本的には
「動きの軽さ」が出る

息の球体を胸でキープし、横隔膜を引き上げた状態に。横隔膜が上がっていれば、基本的には動きの軽さが出るが、胸鎖関節を上げ下げすることで、軽さのなかに変化を出せる。

息の球体を胸にためて
横隔膜を上げておく

胸鎖関節を横隔膜に向かって引き下げる

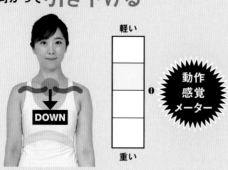

横隔膜を胸鎖関節に向かって引き上げる

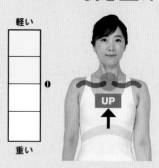

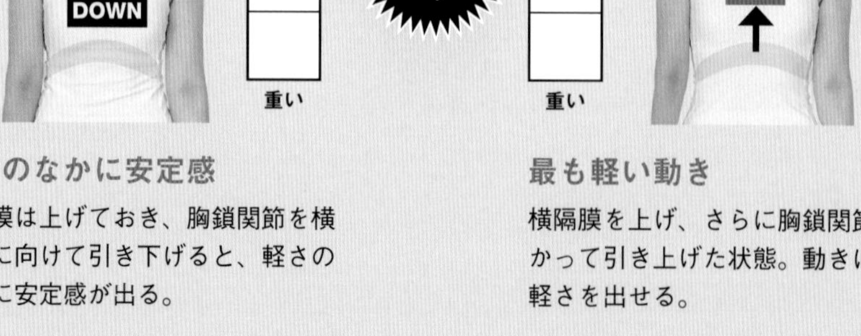

軽さのなかに安定感

横隔膜は上げておき、胸鎖関節を横隔膜に向けて引き下げると、軽さのなかに安定感が出る。

最も軽い動き

横隔膜を上げ、さらに胸鎖関節に向かって引き上げた状態。動きに一番軽さを出せる。

横隔膜の上下に加え、
胸鎖関節の上下を加えると4つの変化が!

横隔膜を下げた状態

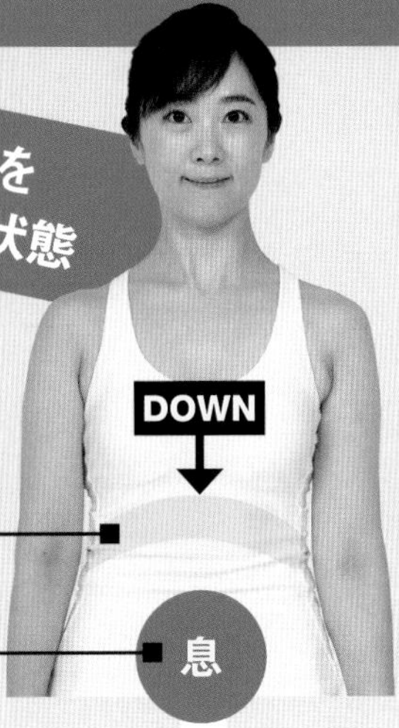

基本的には「動きの安定感」が出る

息の球体をお腹にキープし、横隔膜を下げた状態。横隔膜を下げれば、下半身の動きに安定感が出る。胸鎖関節の上下を加えると、安定した状態のなかで上体の変化を出せる。

息の球体をお腹にためて横隔膜を下げておく

胸鎖関節を横隔膜に向かって引き下げる

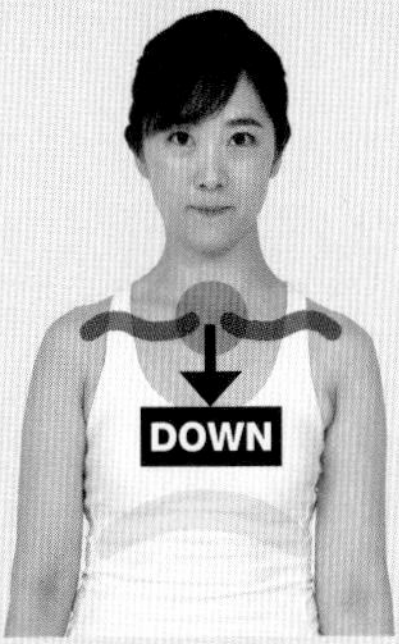

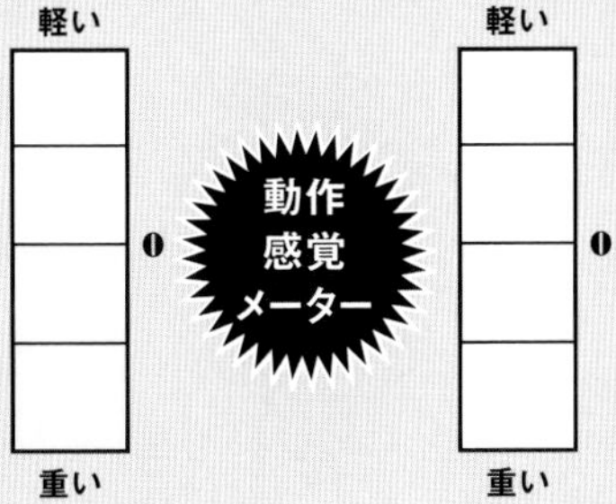

横隔膜を胸鎖関節に向かって引き上げる

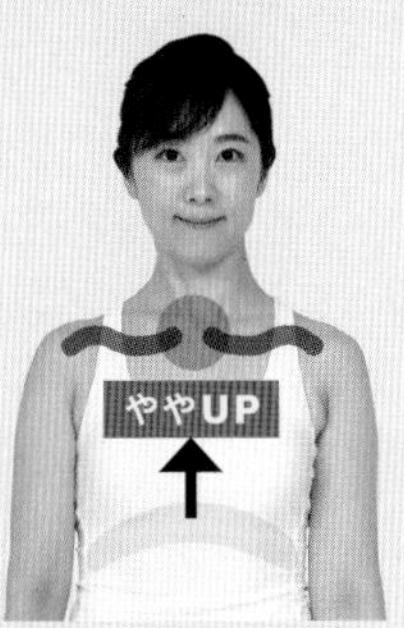

最も安定する

横隔膜を下げ、さらに胸鎖関節を横隔膜に向けて引き下げると、カラダが最も安定した状態になる。

下半身の安定と上半身の軽さ

横隔膜を下げ、下半身が安定したなかで、胸鎖関節に向けて横隔膜をやや上げると、上半身に軽さが。

「骨盤底筋群」を意識すれば、

STEP04

体幹はさらに進化する!

「横隔膜」と「骨盤底筋群」の使い方④

骨盤底筋群は動作の方向性を示す!

体幹の一番下の底に位置するのが、「**骨盤底筋群**」というインナーマッスルです。骨盤底筋群は、骨盤の下部、恥骨や坐骨、尾骨などとつながっており、膀胱や直腸などを支える、いわゆる「排泄」をコントロールする筋肉です。

体幹のインナーマッスルの中枢を担うのが横隔膜とすると、その上端が胸鎖関節に紐づく筋肉であり、下端に相当するのが骨盤底筋群です。体幹をひとつのユニットと考えるならば、体幹のインナーマッスルをコントロールする場合、**中央の横隔膜が指令を出し、その伝令役である体幹の末端部が機能していなければ、その先の四肢もうまく機能させることはできません。**

つまり、体幹の下端である骨盤底筋群も「使える体幹」の重要な要素であるといえるのです。では、骨盤底筋群の大きな役割とはなんでしょうか? **それは、カラダ全体の動作の方向性を示すリード役**です。前に進むなら骨盤底筋群の前を意識、後ろに進むなら後ろを意識することで動作の方向をコントロールします。この意識のことを、本書では「**締める**」と表現します。骨盤底筋群の前を締めるときは「尿をガマンする」、後ろを締めるときは「お通じをガマンする」といった感覚が近く、横隔膜と一緒に骨盤底筋群を意識し、体幹をコントロールしていきます。

骨盤底筋群をコントロールする！

骨盤底筋群が方向性を示せば、動作がスムーズになる！

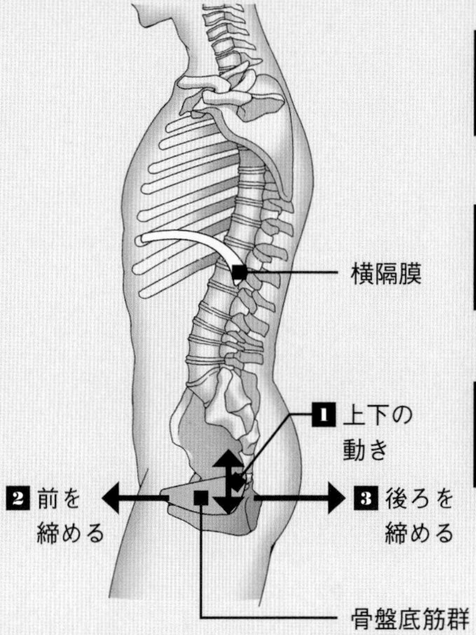

1 上下の動き

骨盤底筋群は横隔膜と連動しているので、横隔膜の上下の動きに合わせて骨盤底筋群も上下する。

2 前を締める

主に前方向の動きのときに意識する。「尿をガマンする」感覚でコントロールすることができる。

3 後ろを締める

主に後ろ方向の動きのときに意識する。「お通じをガマンする」感覚でコントロールするとよい。

例 前にジャンプするときは、「上げて前を締める」

カラダの動作を起こすときの、横隔膜と骨盤底筋群のコントロールの一例。前方に大きくジャンプしたい場合、カラダ全体を軽くしたほうが高く跳べるので、横隔膜を上げておく。すると、連動して骨盤底筋群も引き上げられ、カラダが最も軽い状態になる。さらに、前方にカラダを向けたいので、「尿をガマンする」ように骨盤底筋群の前を締めると、動作の方向は前に向き、前方に大きく跳べる。

体幹を使えるようになった?
横隔膜をコントロールしてみよう!

「使える体幹」の一連の動かし方を実際にできるかトライ！

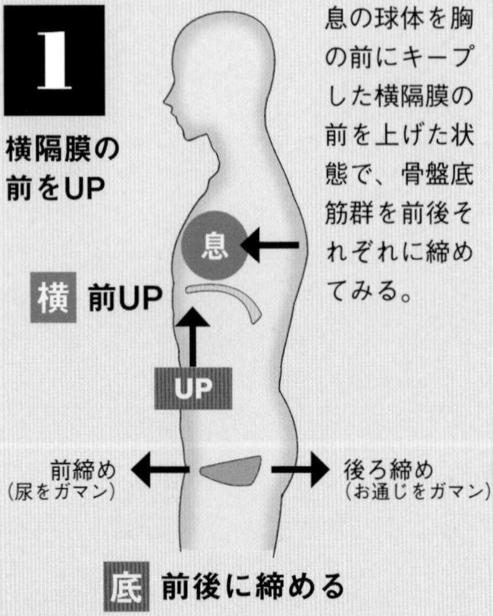
1
横隔膜の
前をUP
息
横 前UP
UP
前締め
(尿をガマン)
後ろ締め
(お通じをガマン)
底 前後に締める

息の球体を胸の前にキープした横隔膜の前を上げた状態で、骨盤底筋群を前後それぞれに締めてみる。

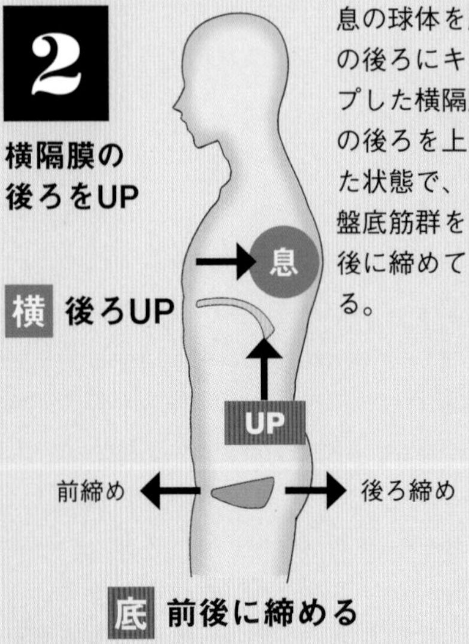
2
横隔膜の
後ろをUP
息
横 後ろUP
UP
前締め
後ろ締め
底 前後に締める

息の球体を胸の後ろにキープした横隔膜の後ろを上げた状態で、骨盤底筋群を前後に締めてみる。

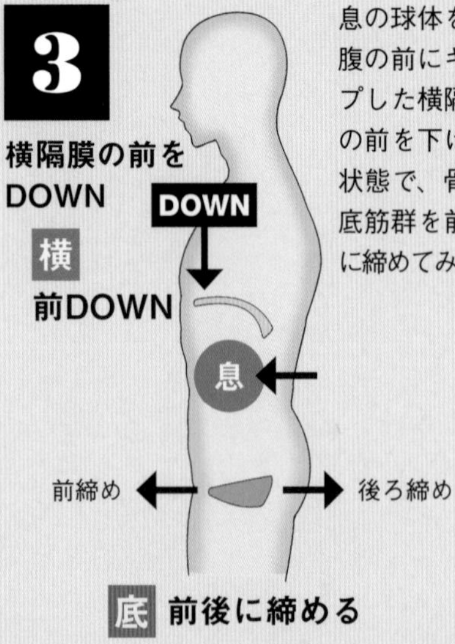
3
横隔膜の前を
DOWN
DOWN
横
前DOWN
息
前締め
後ろ締め
底 前後に締める

息の球体をお腹の前にキープした横隔膜の前を下げた状態で、骨盤底筋群を前後に締めてみる。

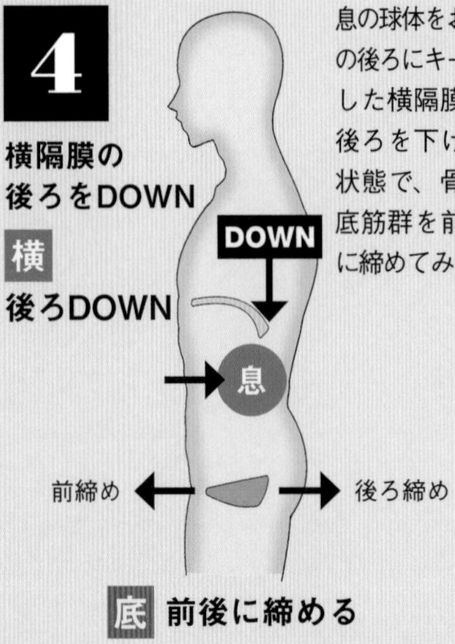
4
横隔膜の
後ろをDOWN
DOWN
横
後ろDOWN
息
前締め
後ろ締め
底 前後に締める

息の球体をお腹の後ろにキープした横隔膜の後ろを下げた状態で、骨盤底筋群を前後に締めてみる。

5 骨盤底筋群の前を締めながら横隔膜を前後・上下に動かす

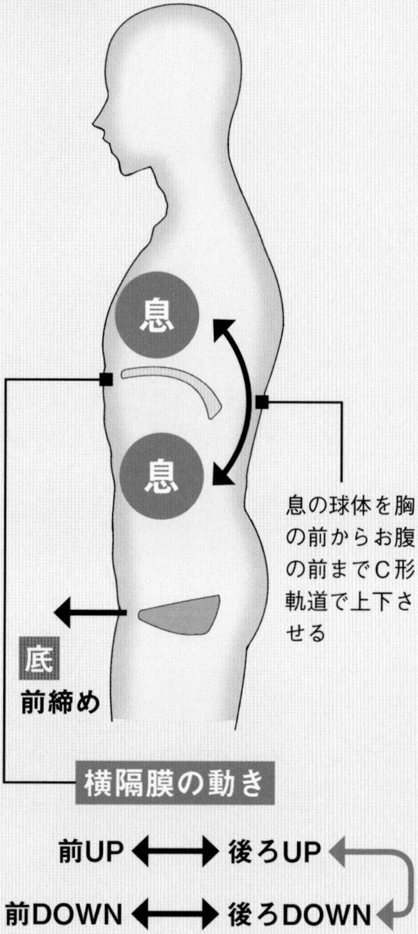
息
息
息の球体を胸の前からお腹の前までC形軌道で上下させる
底
前締め
横隔膜の動き
前UP
後ろUP
前DOWN
後ろDOWN

①骨盤底筋群の前を締める。
②息の球体を胸の前に。
③息の球体を胸の後ろに。
④息の球体を背中側を通して、お腹の後ろに。
⑤息の球体をお腹の前に。
⑥上記のCの字の軌道を逆にたどって胸の前に戻す。
（息の球体の動かし方の詳細はP53を参照）

6 骨盤底筋群の後ろを締めながら横隔膜を前後・上下に動かす

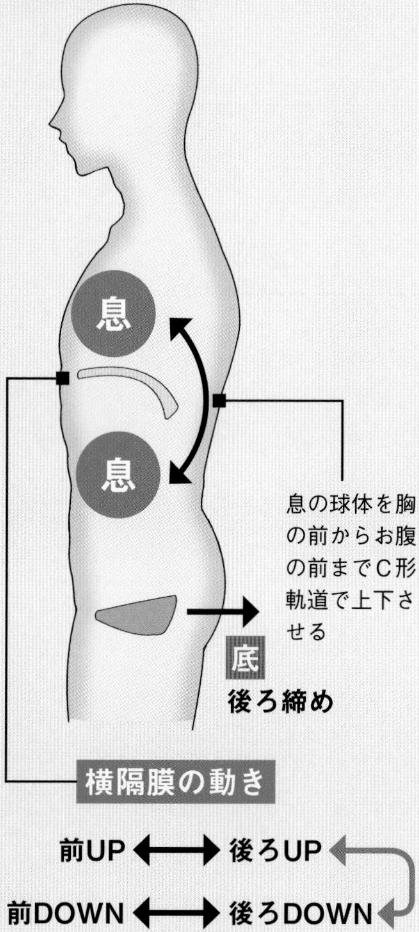
息
息
息の球体を胸の前からお腹の前までC形軌道で上下させる
底
後ろ締め
横隔膜の動き
前UP
後ろUP
前DOWN
後ろDOWN

①骨盤底筋群の後ろを締める。
②息の球体を胸の前に。
③息の球体を胸の後ろに。
④息の球体を背中側を通して、お腹の後ろに。
⑤息の球体をお腹の前に。
⑥上記のCの字の軌道を逆にたどって胸の前に戻す。
（息の球体の動かし方の詳細はP53を参照）

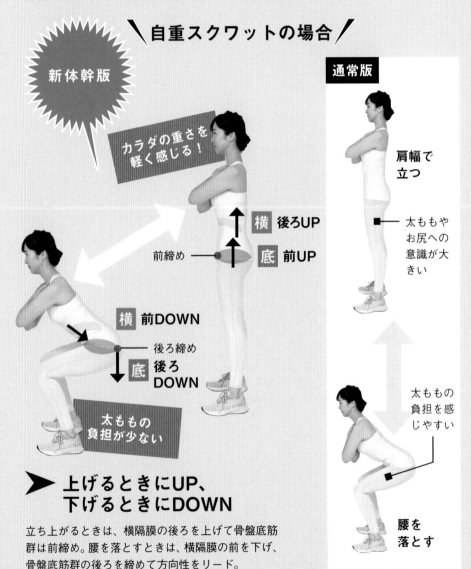

こんなにラクになるの？
スクワットで体感を比較！

体幹の使い方がわかったところで、実際に試してみよう！

自重スクワットの場合

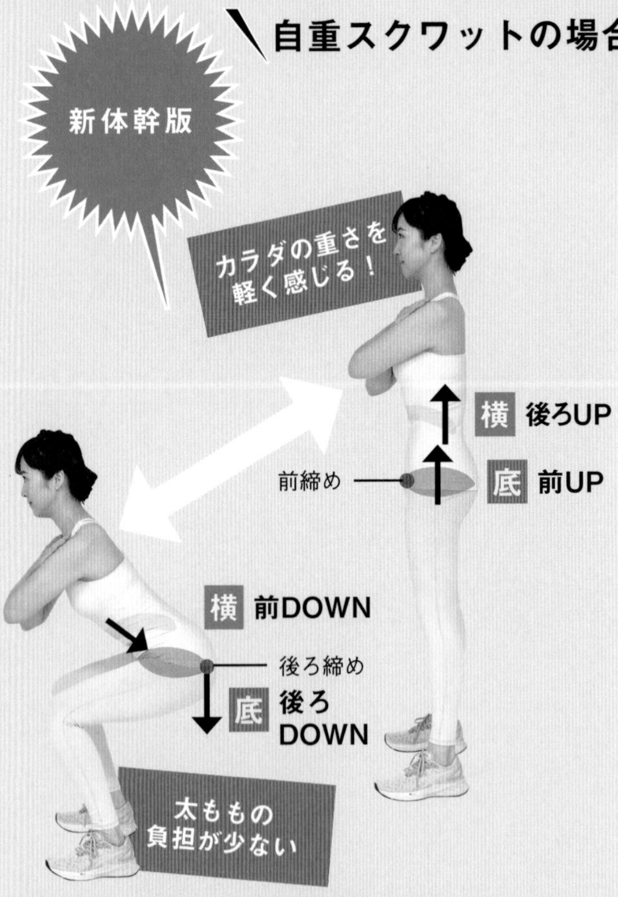
新体幹版
カラダの重さを
軽く感じる！
横 後ろUP
前締め
底 前UP
横 前DOWN
後ろ締め
底 後ろ
DOWN
太ももの
負担が少ない

通常版
肩幅で
立つ
太ももや
お尻への
意識が大
きい
太ももの
負担を感
じやすい
腰を
落とす

上げるときにUP、下げるときにDOWN

立ち上がるときは、横隔膜の後ろを上げて骨盤底筋群は前締め。腰を落とすときは、横隔膜の前を下げ、骨盤底筋群の後ろを締めて方向性をリード。

バーベルスクワットの場合

通常版
太ももの負担
を感じやすい
腰を落とす
脚に重さを
感じやすい
バーベルを
かついで立つ

軽さと
安定感がある！
新体幹版
前締め
横 後ろDOWN
底 前DOWN
お腹に球体をつくり、
前から後ろに移動させ
るイメージで上げる
横
前DOWN
後ろ締め
底 後ろDOWN
太ももの
負担が少ない

横隔膜と骨盤底筋群はDOWNのまま前後をコントロール

重いバーベルを持つため、全体的に安定性を確保する必要がある。ゆえに横隔膜は基本的に下げておくとよい。動作の方向性をリードする前後のコントロールは自重時と同じ。

1

クランチ

☞ P70

2

ヒップリフト

☞ P72

「使える体幹」で基礎力UP!
8つの新体幹トレーニング

3

スクワット &
バーベル
スクワット

☞ P76

4

ランジ

☞ P80

ロールアップ
☞ P86

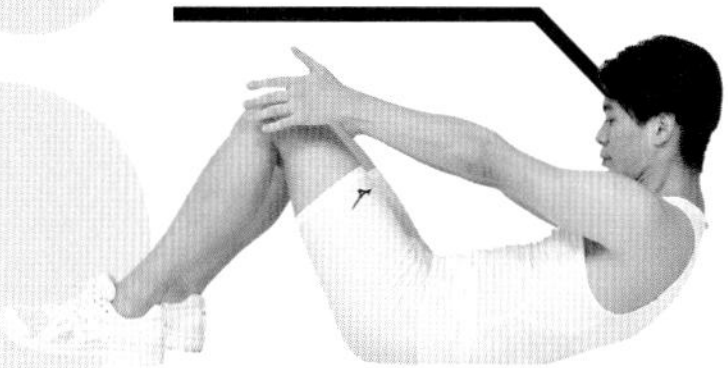

バックエクステンション
☞ P84

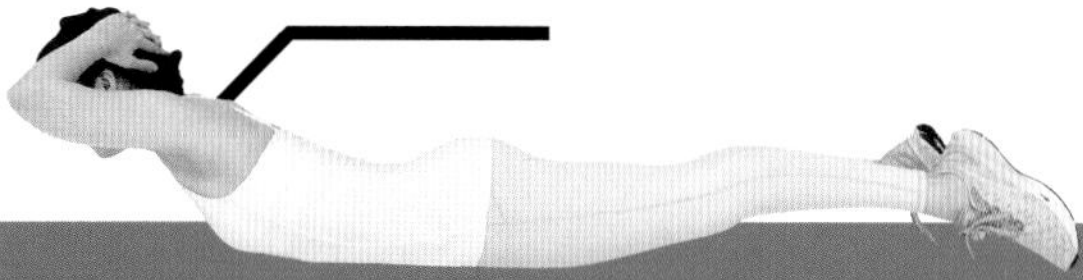

インナーマッスルを意識した体幹の使い方

起動した「使える体幹」を使って、実際に基本的な筋力トレーニングを行っていきます。これまでとは感覚が異なる、体幹の具体的な使い方を試してみましょう。

ここでは主に代表的（一般的）な8つのトレーニング種目を紹介しています。

そして、従来のトレーニングの方法と、インナーマッスルを意識した新しい体幹の使い方をそれぞれ解説しています。２つの方法を比較しながら、疲労度や動きやすさなどを実際に体感してみましょう。「あれ、こんなにラクでいいの？」という驚きを感じられると思います。

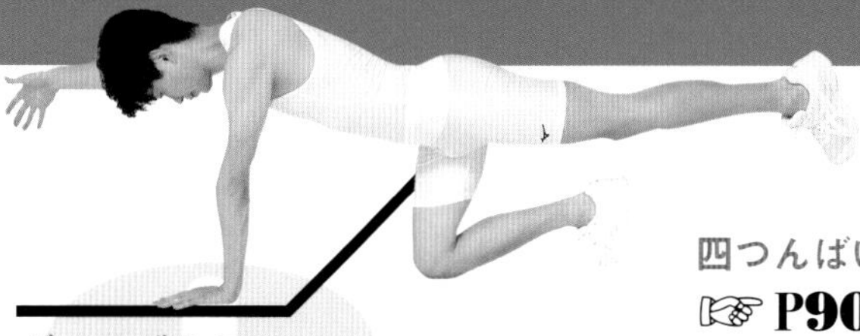

ダイアゴナル
☞ P94

四つんばいワーク
☞ P90

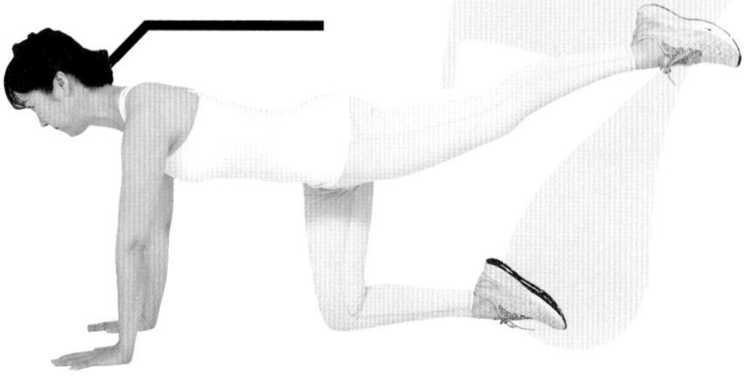

従来のクランチ

クランチ

1

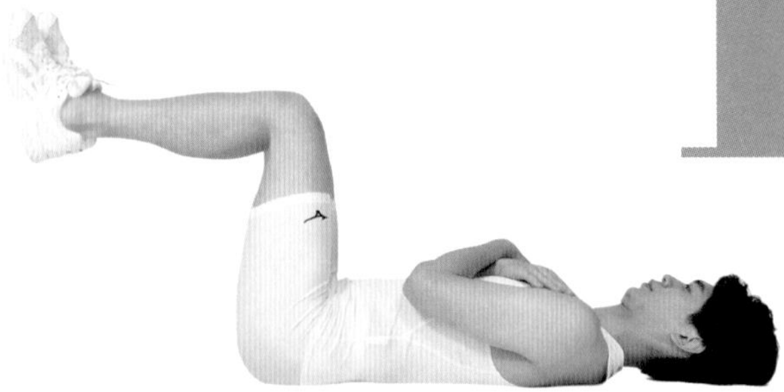

あお向けで、両ひざを90度曲げて上げる

2

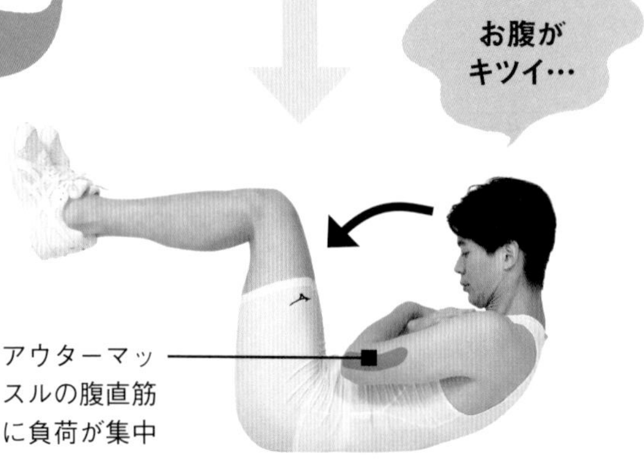
お腹が
キツイ…
アウターマッスルの腹直筋に負荷が集中

背中を丸めて上体を上げる

新体幹クランチ

1

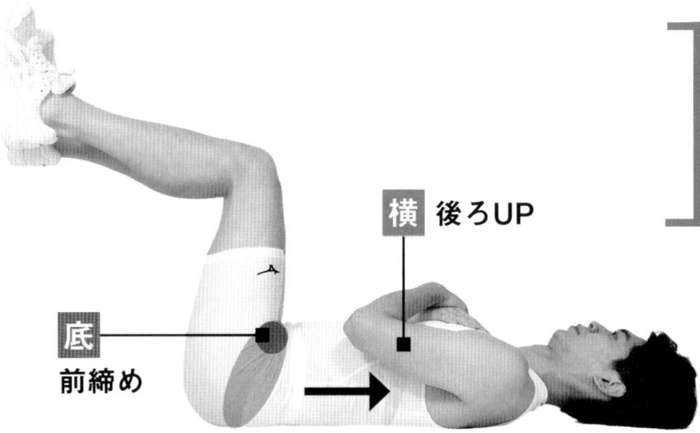
横
後ろUP
底
前締め

横隔膜の後ろを UP、骨盤底筋群の前を締める

2

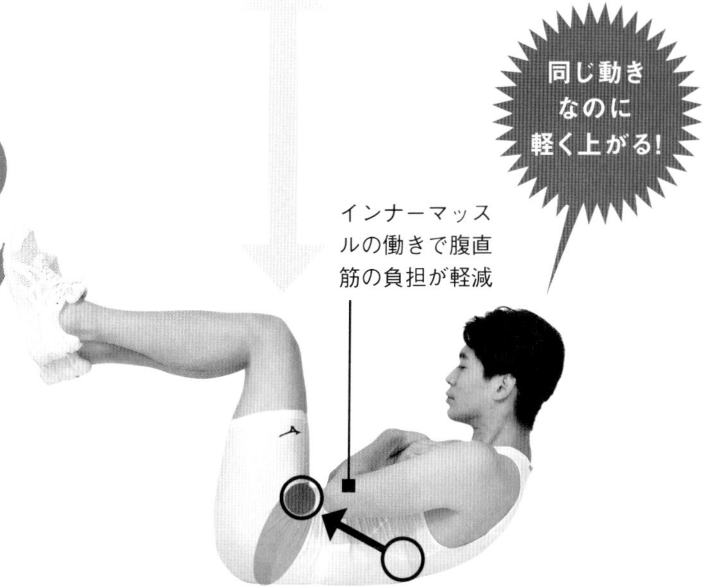
同じ動きなのに軽く上がる!
インナーマッスルの働きで腹直筋の負担が軽減

横隔膜の後ろを骨盤底筋群の前側に近づける

新体幹トレーニング
2

ヒップリフト

従来のヒップリフト

1

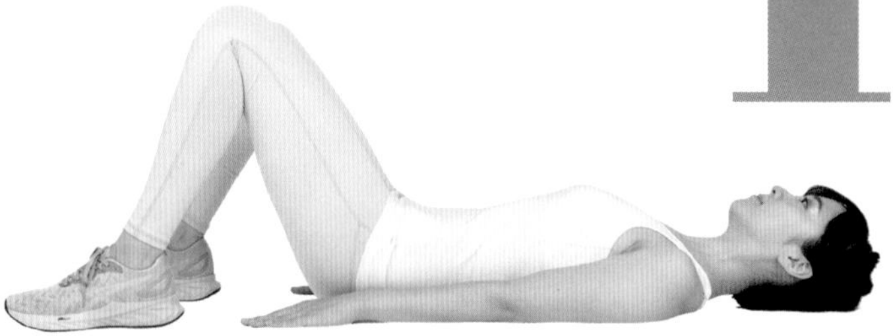

あお向けで、両ひざを立てる

2

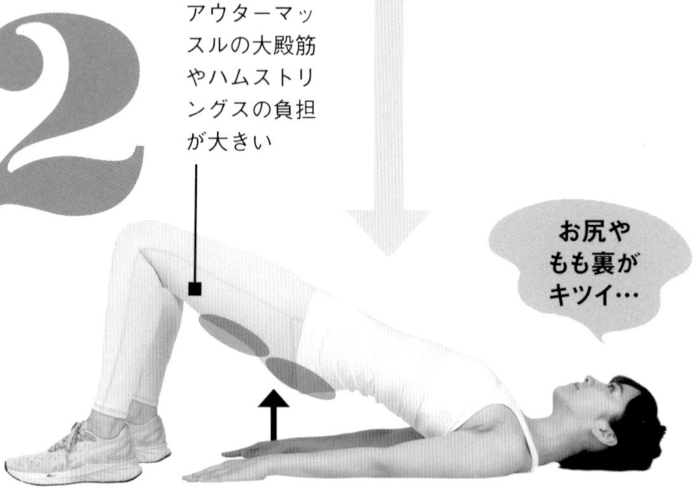
アウターマッスルの大殿筋やハムストリングスの負担が大きい
お尻やもも裏がキツイ…

ひざから肩まで一直線になるようお尻を持ち上げる

新体幹ヒップリフト

ヒップリフトの横隔膜&骨盤底筋群の動作局面は5つある！

1 スタートポジション
2 お尻を上げ始める
3 お尻を上げ切る
4 お尻を下げ始める
5 お尻を下げて元に戻る

1

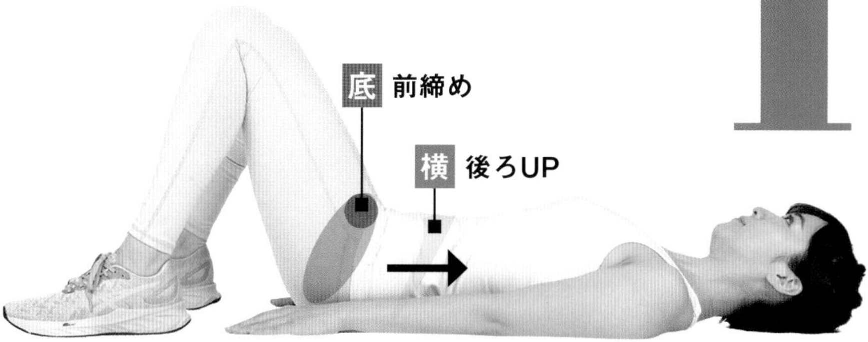

横隔膜の後ろをUP、骨盤底筋群の前を締める

次ページ

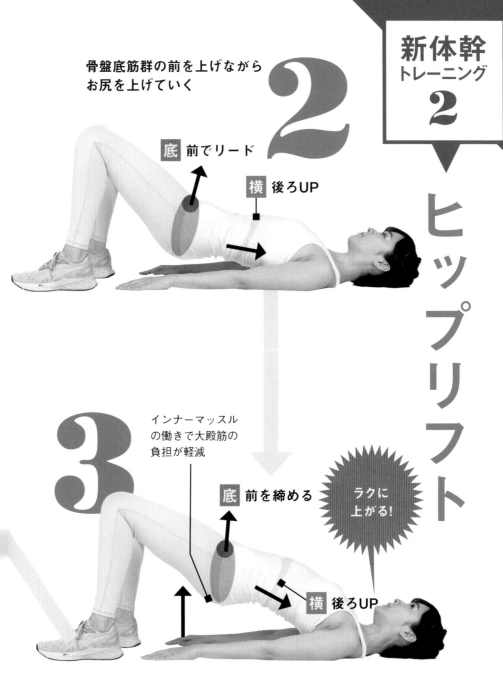

新体幹トレーニング 2

ヒップリフト

2

骨盤底筋群の前を上げながら
お尻を上げていく

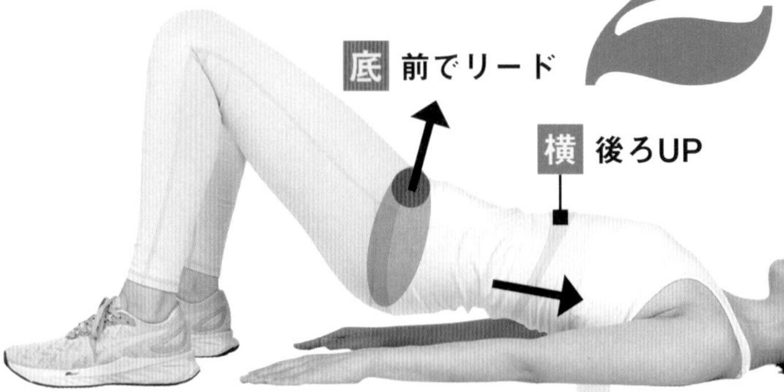
底 前でリード
横 後ろUP

3

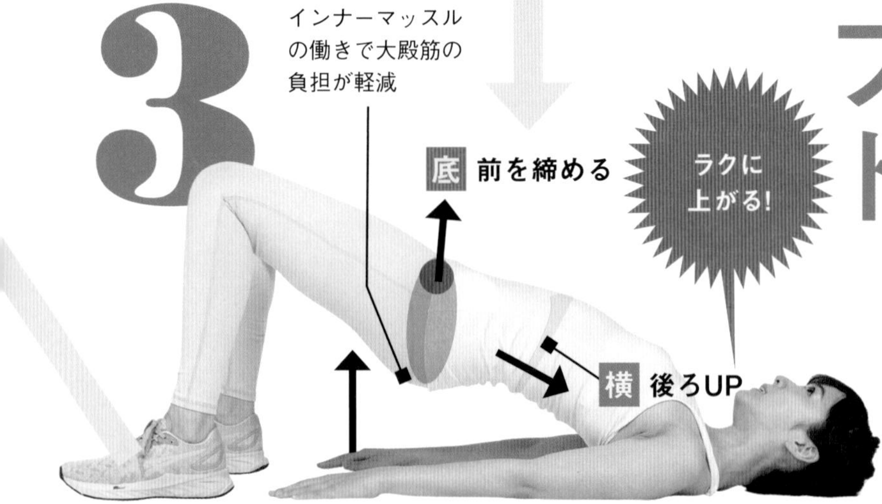
インナーマッスル
の働きで大殿筋の
負担が軽減
底 前を締める
ラクに
上がる!
横 後ろUP

骨盤底筋群の前を締め、横隔膜の後ろをさらにUP

4

**横隔膜の前をUP、
骨盤底筋群の後ろを締めて
誘導しながらお尻を下げていく**

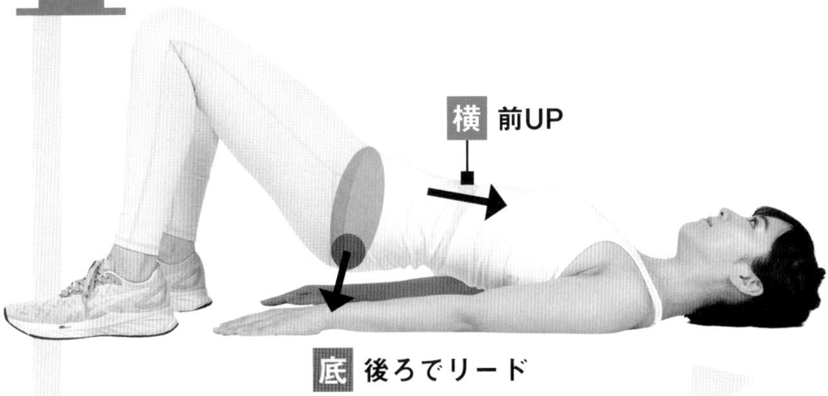
横 前UP
底 後ろでリード

5

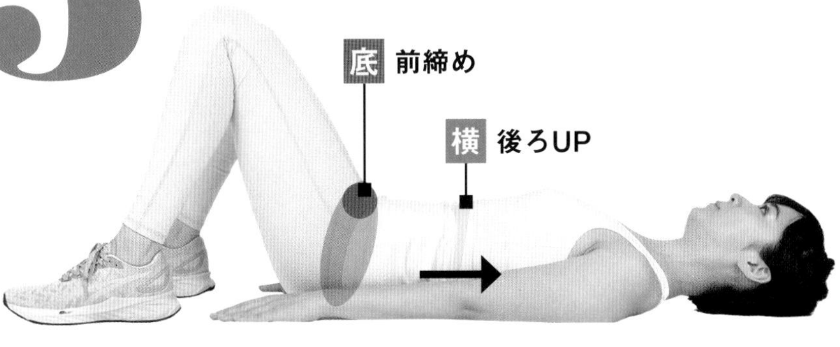
底 前締め
横 後ろUP

**横隔膜の後ろをUP、
骨盤底筋群の前を締め、再びお尻を上げていく**

新体幹トレーニング
3

スクワット

従来の自重スクワット

1 肩幅で立つ

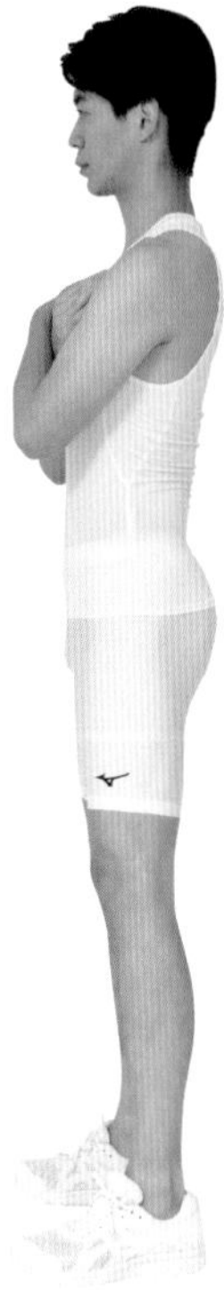

太ももがキツイのは効いてるからだ

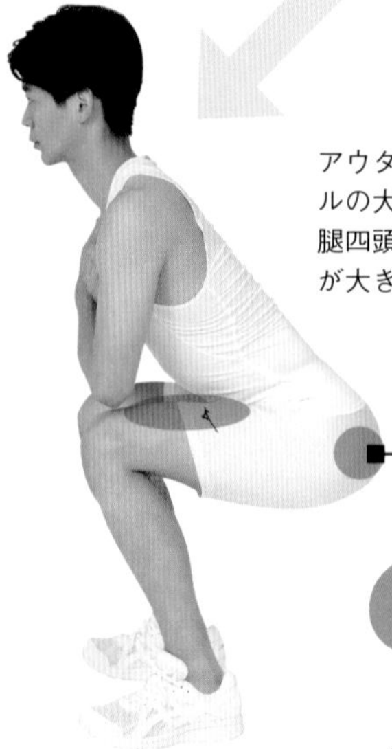
アウターマッスルの大殿筋や大腿四頭筋の負担が大きい

2 ひざが90度になるまで腰を落とす

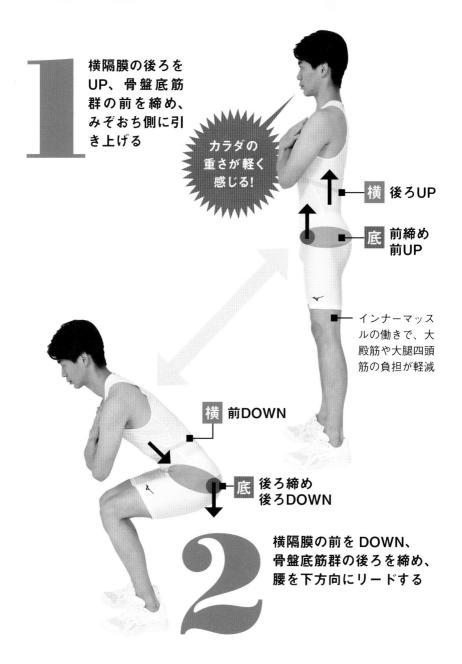

新体幹自重スクワット

1 横隔膜の後ろをUP、骨盤底筋群の前を締め、みぞおち側に引き上げる

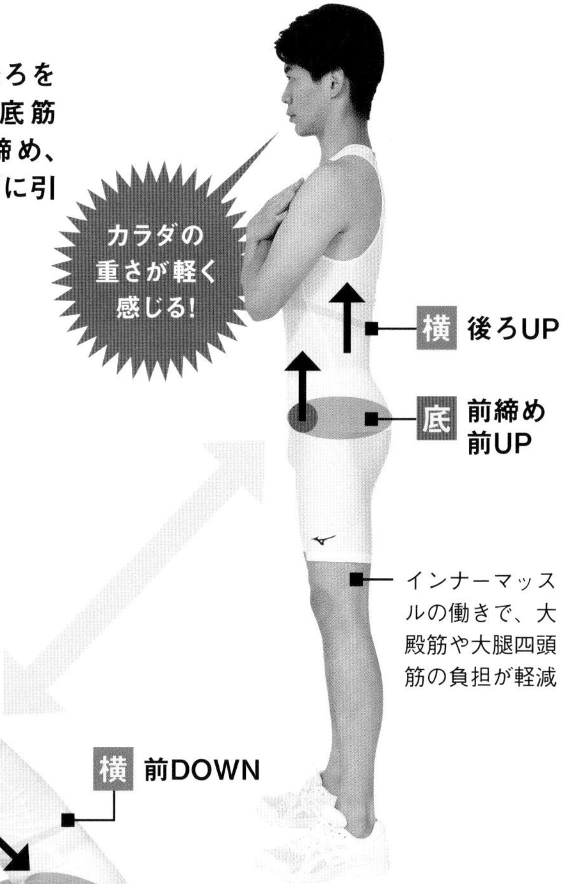

カラダの重さが軽く感じる!
横 後ろUP
底 前締め
前UP
インナーマッスルの働きで、大殿筋や大腿四頭筋の負担が軽減

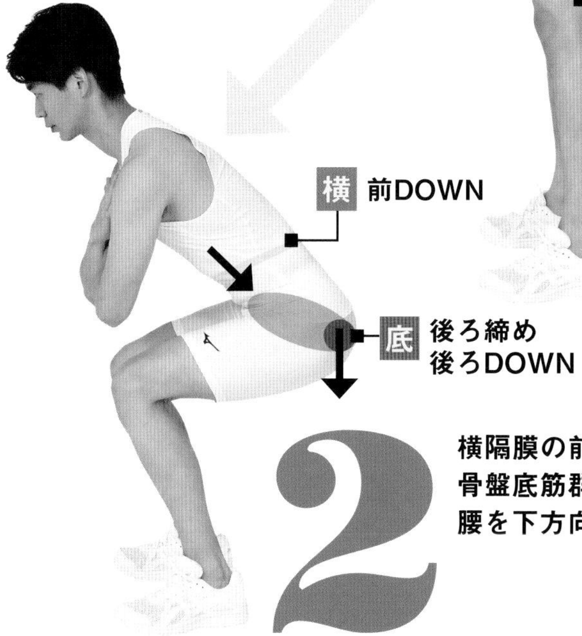

横 前DOWN
底 後ろ締め
後ろDOWN

2 横隔膜の前をDOWN、骨盤底筋群の後ろを締め、腰を下方向にリードする

新体幹トレーニング
3

従来のバーベルスクワット

バーベルスクワット

1 バーベルを持って
肩幅で立つ

太もも苦しいし
フラフラする…

アウター
マッスルの
大殿筋や大
腿四頭筋に
負担が集中
する

2 腰を落とす

新体幹バーベルスクワット

1 上体がふらつかないよう横隔膜の後ろをDOWN、骨盤底筋群の前を締めて下方に下げる

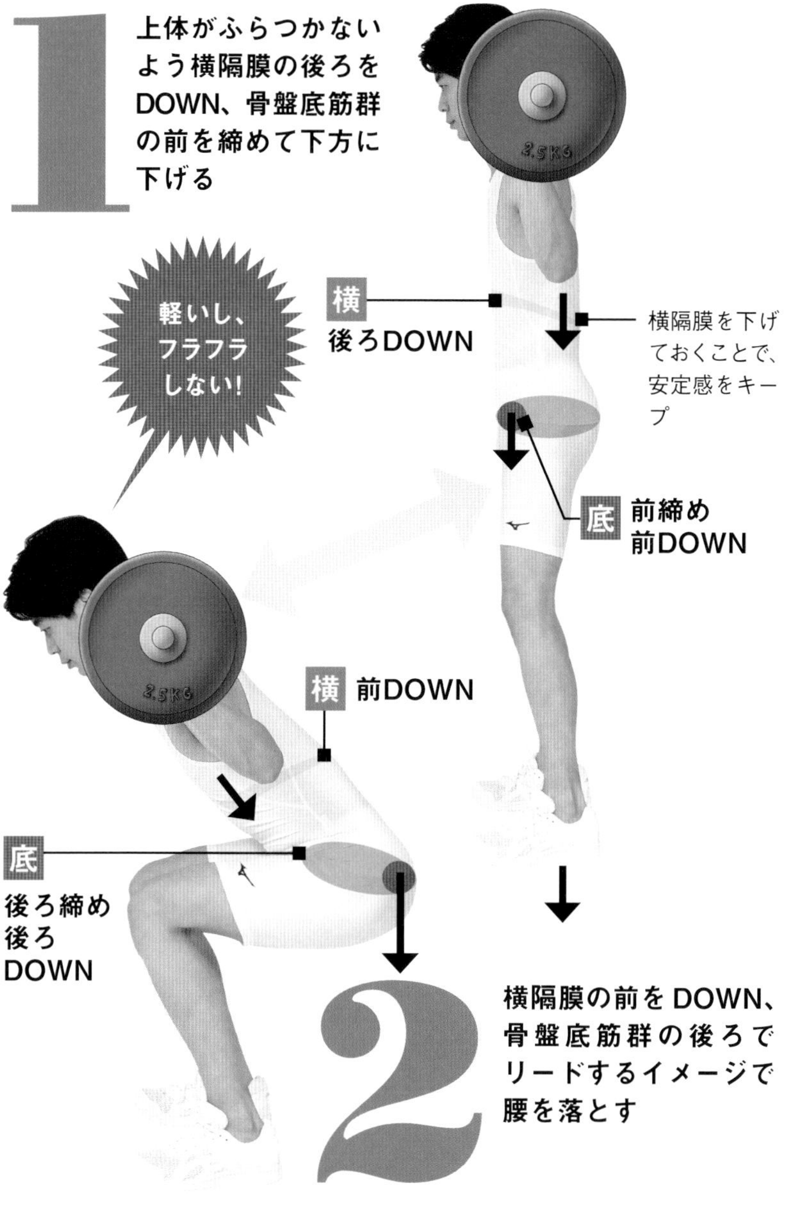

2.5KG
横
後ろDOWN
横隔膜を下げておくことで、安定感をキープ
軽いし、フラフラしない!
底
前締め
前DOWN
2.5KG
横
前DOWN
底
後ろ締め
後ろDOWN

2 横隔膜の前をDOWN、骨盤底筋群の後ろでリードするイメージで腰を落とす

新体幹トレーニング 4

ランジ

従来のランジ

1 両手を頭の後ろで組んで肩幅で立つ

踏み出しが安定しない…

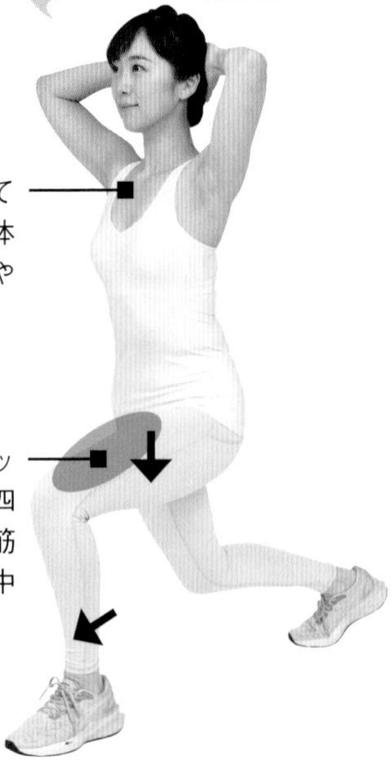

体幹が使えていないと上体がふらつきやすい

アウターマッスルの大腿四頭筋や大殿筋に負担が集中

2 片脚を大きく前に１歩出しながら腰を落とす

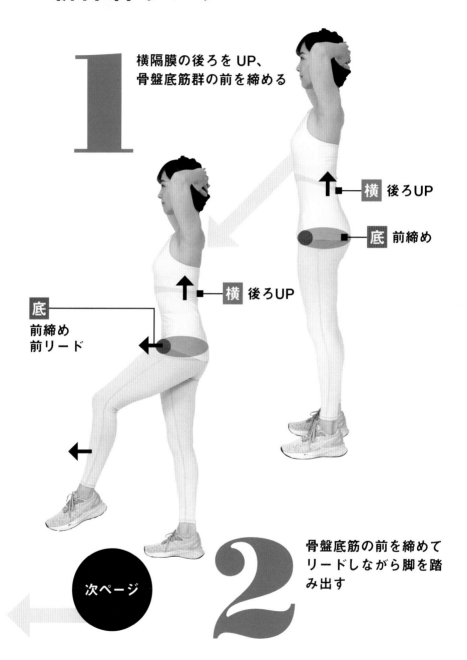

新体幹ランジ

1

横隔膜の後ろを UP、
骨盤底筋群の前を締める

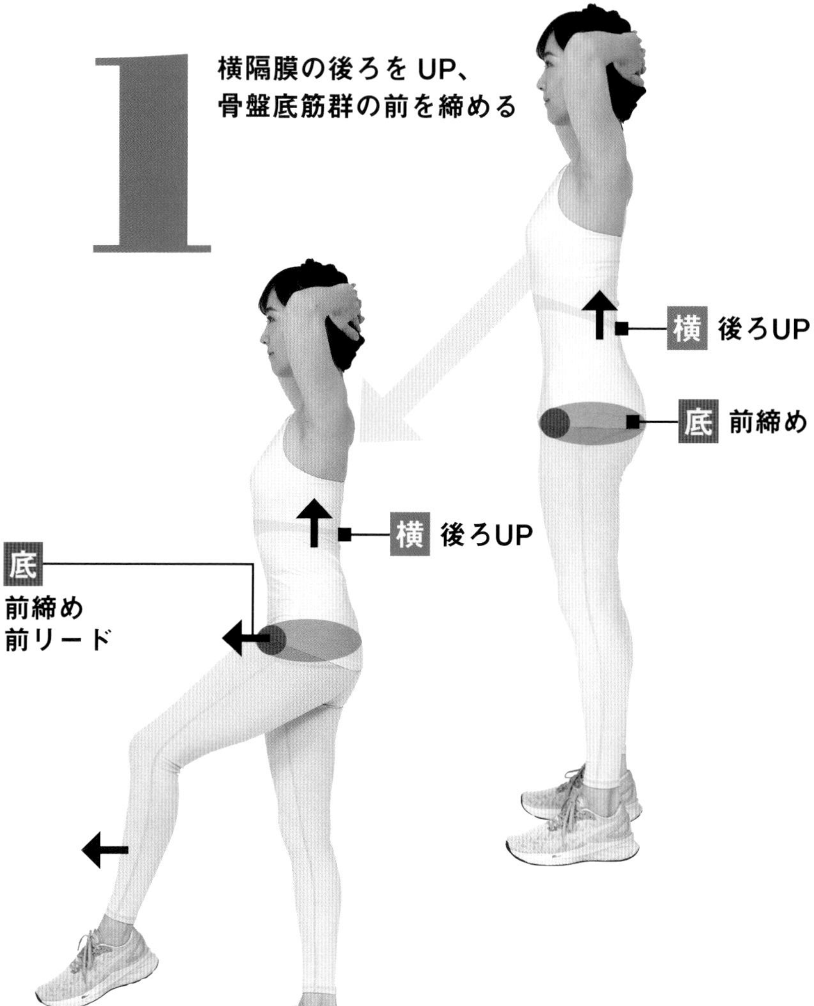
横 後ろUP
底 前締め
横 後ろUP
底
前締め
前リード

2

骨盤底筋の前を締めて
リードしながら脚を踏
み出す

次ページ

新体幹トレーニング 4

ランジ

3

踏み込んだときは、横隔膜の後ろを DOWN、骨盤底筋群の前を締める

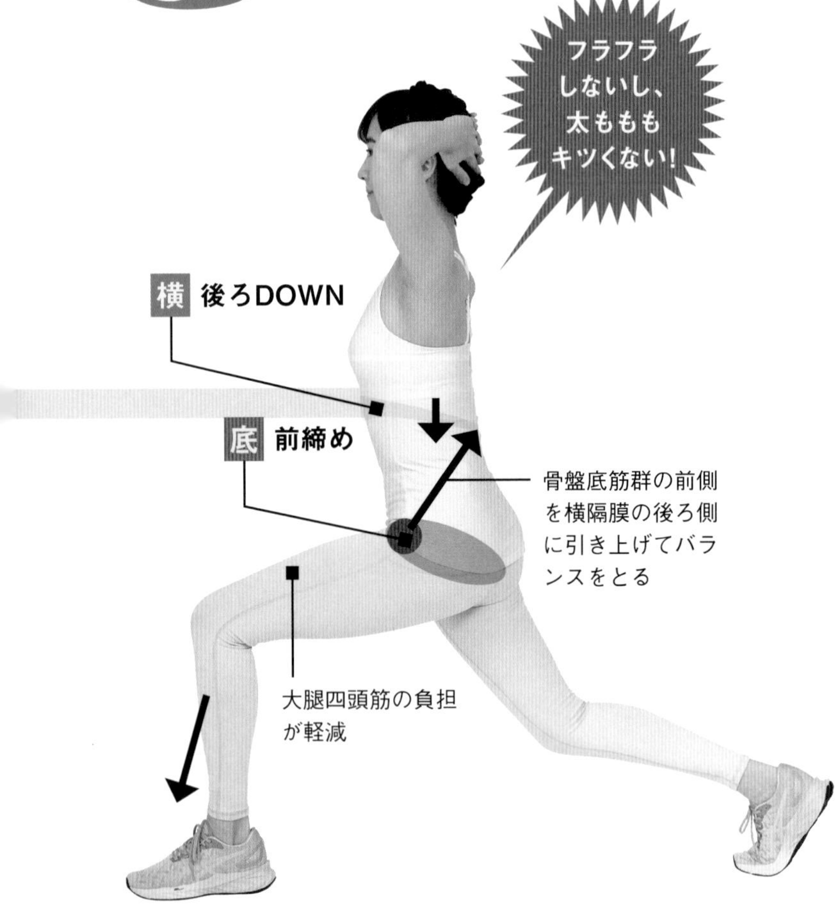
フラフラしないし、太ももももキツくない!
横 後ろDOWN
底 前締め
骨盤底筋群の前側を横隔膜の後ろ側に引き上げてバランスをとる
大腿四頭筋の負担が軽減

4

横隔膜の前をUP、
骨盤底筋群の後ろを
締めてリードしなが
ら脚を引き上げる

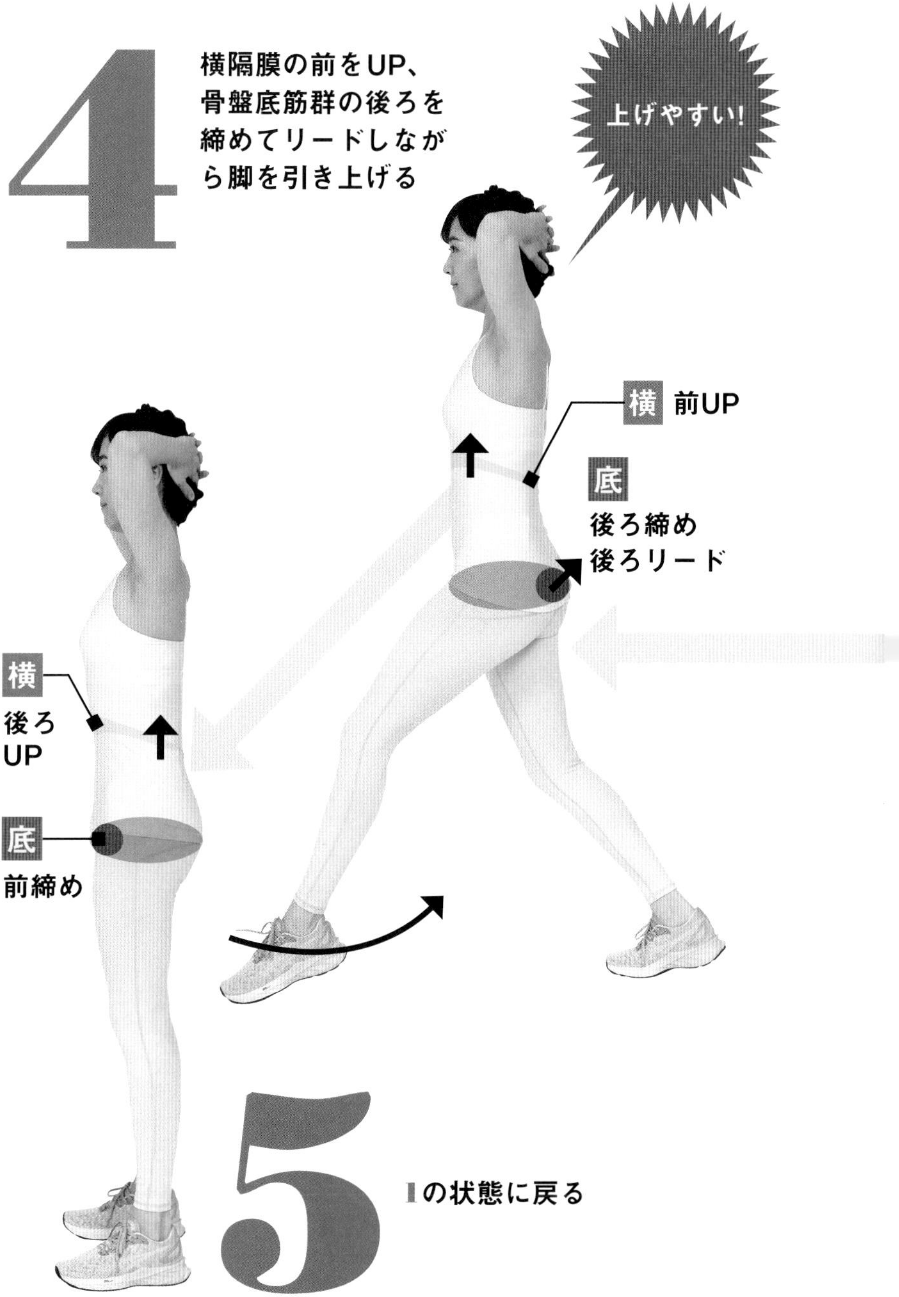
上げやすい!
横
前UP
底
後ろ締め
後ろリード
横
後ろUP
底
前締め

5

1の状態に戻る

新体幹
トレーニング
5

バックエクステンション

従来のバックエクステンション

1 うつ伏せになり、両手を頭の後ろで組む

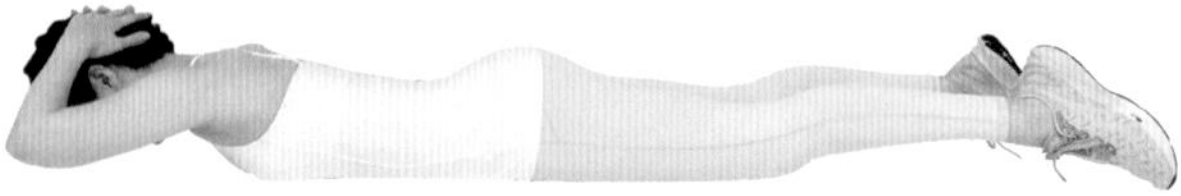

2 上体を起こす

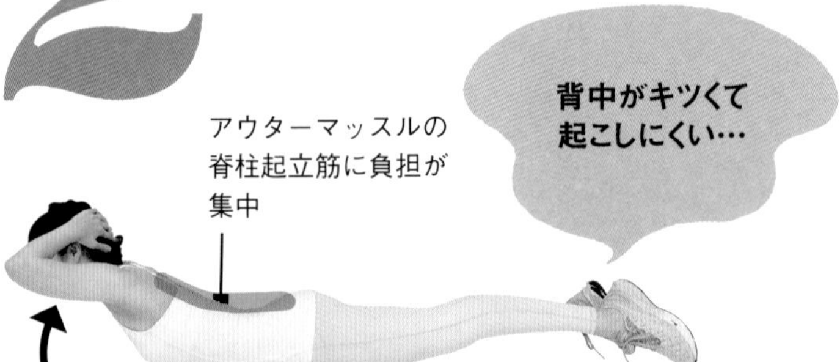
アウターマッスルの
脊柱起立筋に負担が
集中
背中がキツくて
起こしにくい…

新体幹バックエクステンション

1

横隔膜の後ろを UP、
骨盤底筋群の前を締める

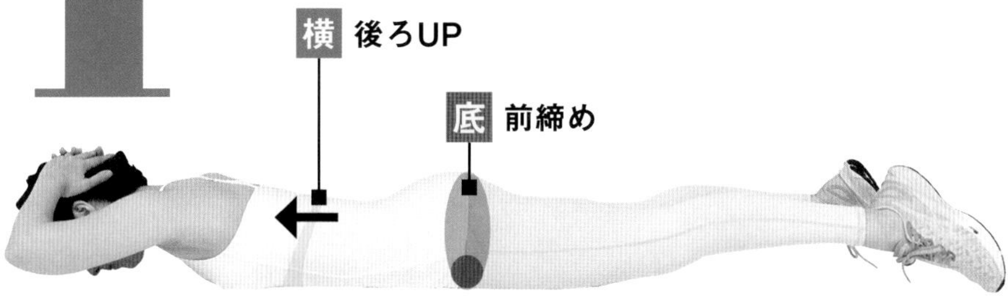

横 後ろUP
底 前締め

2

骨盤底筋群の前を支点にして、横隔膜の前を上げる（ふくらませる）

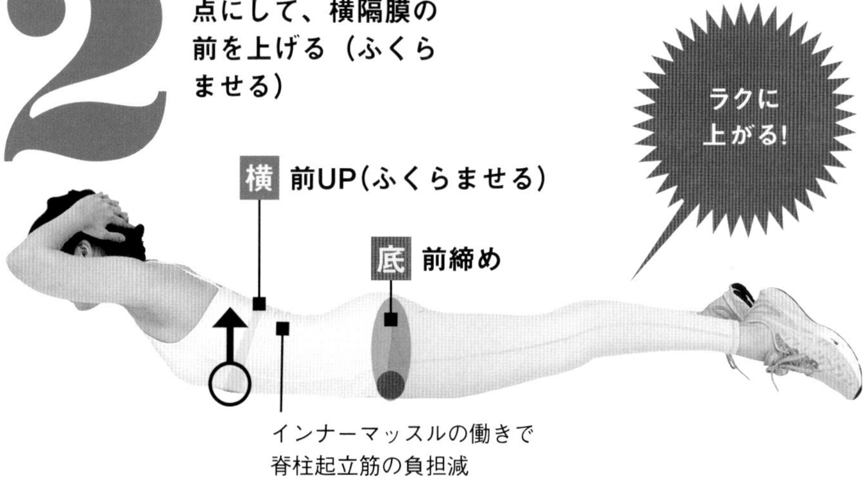

ラクに
上がる!
横 前UP(ふくらませる)
底 前締め
インナーマッスルの働きで
脊柱起立筋の負担減

従来のロールアップ

新体幹
トレーニング
6

ロールアップ

1 あお向けになり、両ひざを立てる

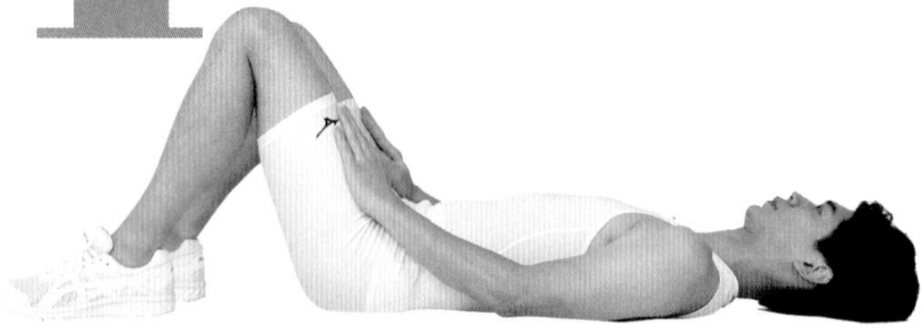

2 背中を丸めるように上体を起こす

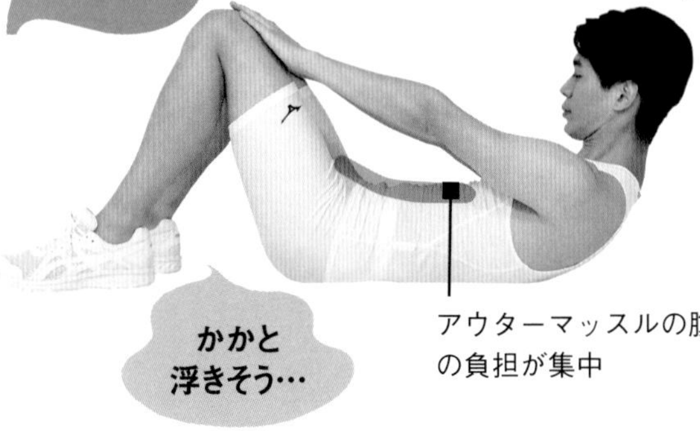
上げ切れない…
アウターマッスルの腹直筋の負担が集中

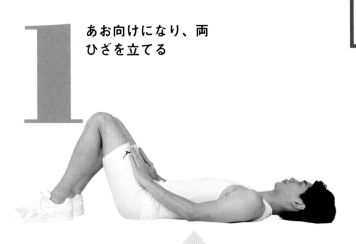

新体幹ロールアップ

0

あお向けになる前に、外くるぶしの下をさする

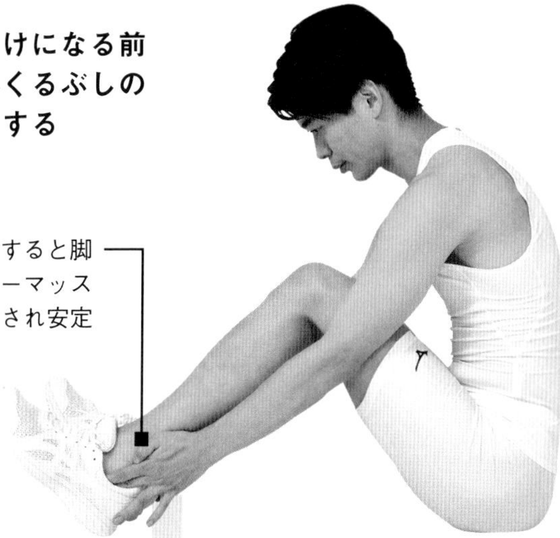
足首をさすると脚のインナーマッスルが刺激され安定する

1

横隔膜の後ろを UP、
骨盤底筋群の前を締める

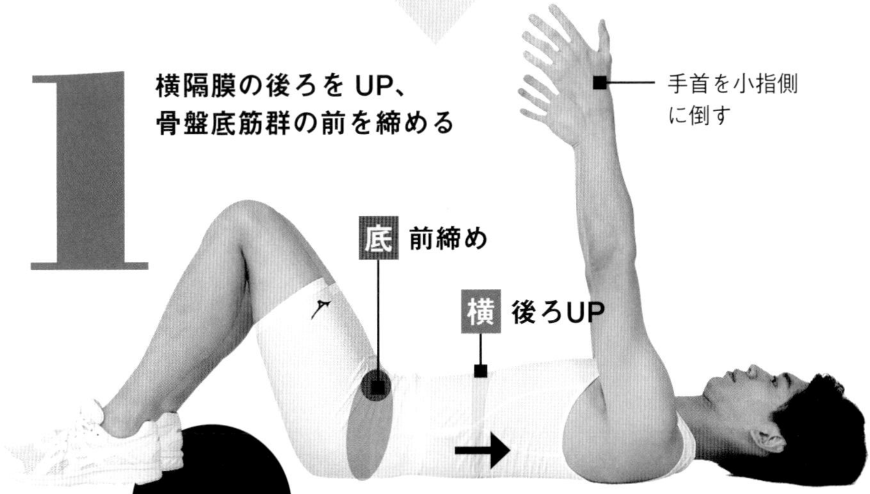

次ページ

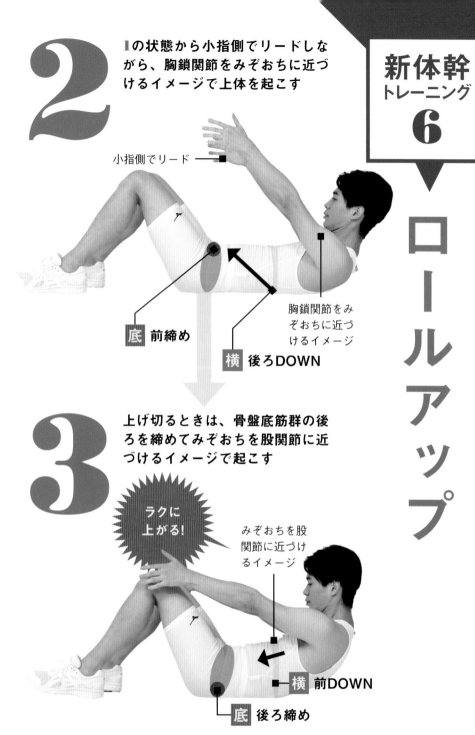

新体幹トレーニング 6

ロールアップ

2

1の状態から小指側でリードしながら、胸鎖関節をみぞおちに近づけるイメージで上体を起こす

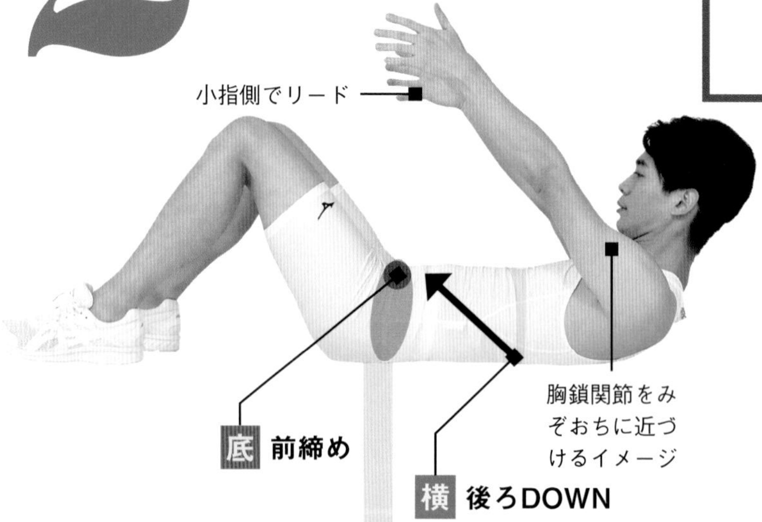

小指側でリード
胸鎖関節をみぞおちに近づけるイメージ
底 前締め
横 後ろDOWN

3

上げ切るときは、骨盤底筋群の後ろを締めてみぞおちを股関節に近づけるイメージで起こす

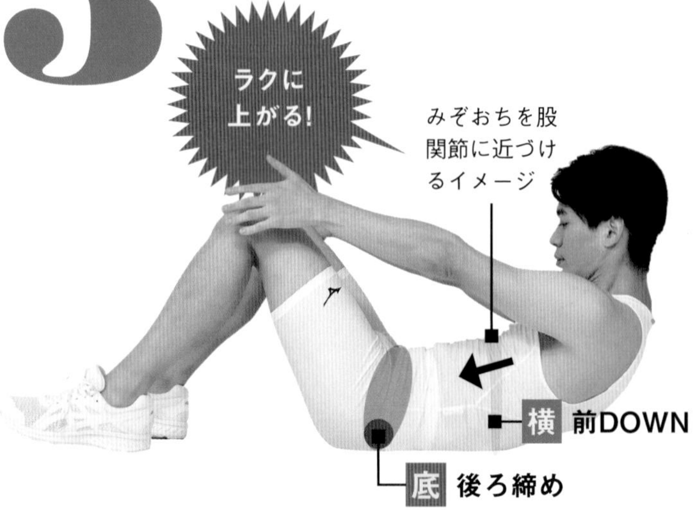

ラクに上がる!
みぞおちを股関節に近づけるイメージ
横 前DOWN
底 後ろ締め

4

骨盤底筋群の前を締め、横隔膜の後ろをUPしてバランスをとりながら、みぞおちを下ろしていく

体幹が安定する!
みぞおちから倒す
横 後ろUP
底 前締め

下ろし切るときは横隔膜の後ろをUP、骨盤底筋群の前を締めて胸鎖関節をみぞおちから離す

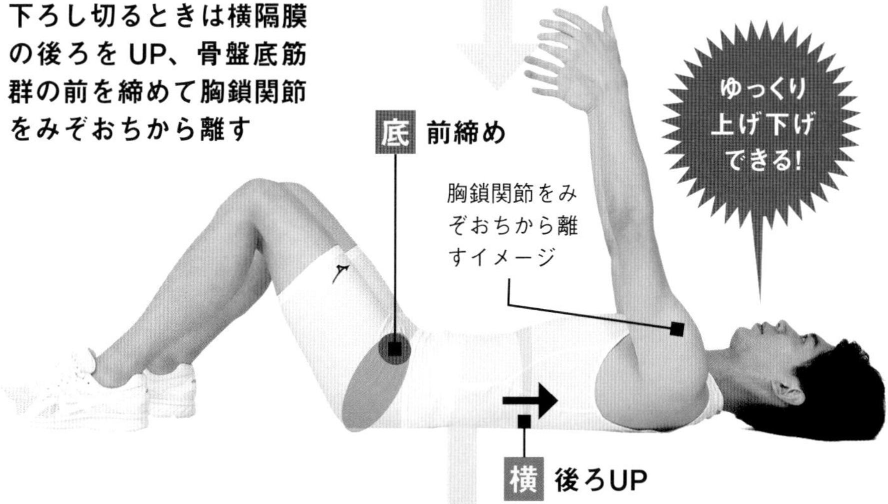

ゆっくり上げ下げできる!
底 前締め
胸鎖関節をみぞおちから離すイメージ
横 後ろUP

1に戻る

新体幹
トレーニング
7

四つんばいワーク

従来のバックキック

1 四つんばいになる

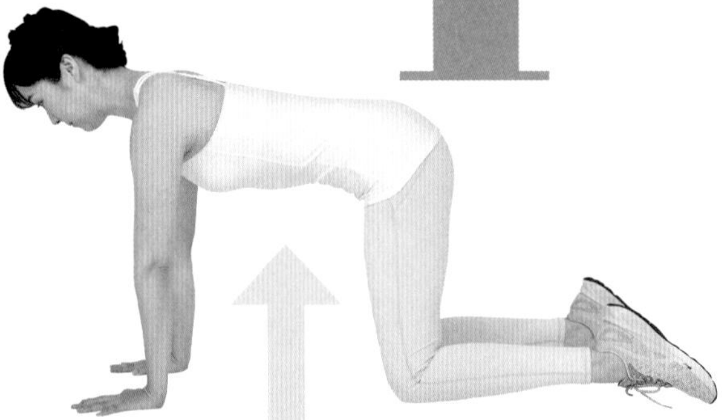

2 片脚を真後ろに伸ばす

ふらつくし、
脚の高さが
安定しない……

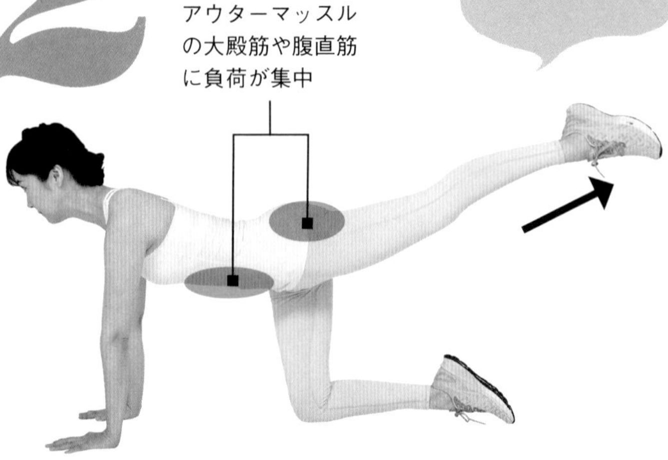
アウターマッスルの大殿筋や腹直筋に負荷が集中

新体幹バックキック

1

横隔膜の後ろを UP、
骨盤底筋群の前を締める

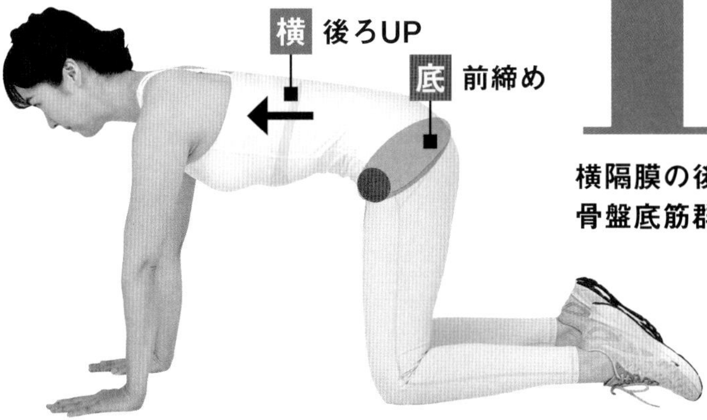

体幹が
安定するし、
足が軽い!

横隔膜の前をDOWN、
骨盤底筋群の後ろを締
める

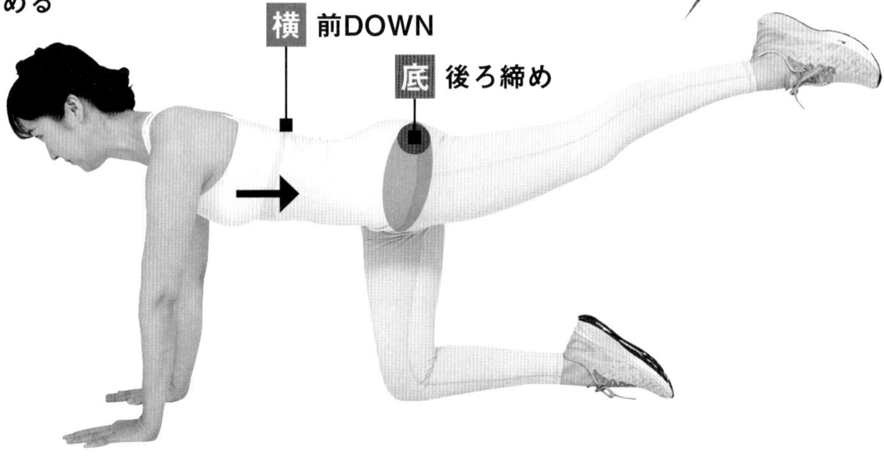

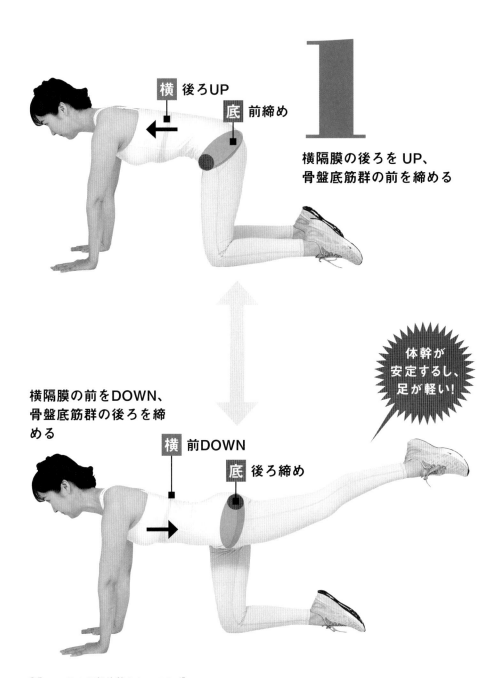

四つんばいワーク

従来のキャット&ドッグ

1

四つんばいで腰を入れて背中全体を反らす

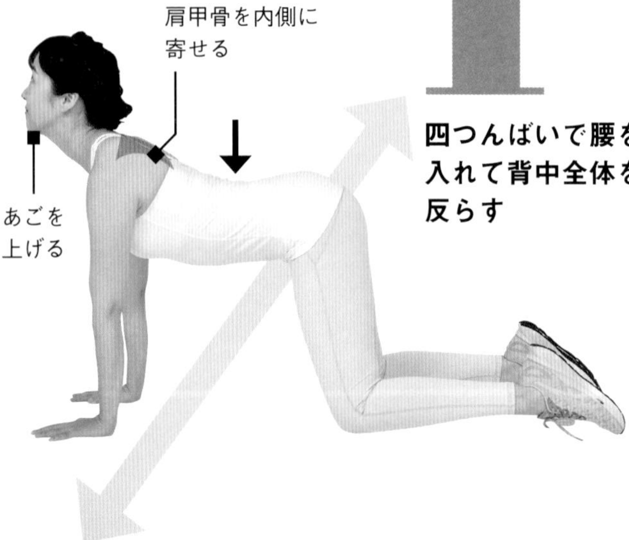
肩甲骨を内側に
寄せる
あごを
上げる

2

逆に背中全体を丸める

なんか動きが
ぎこちない……
肩甲骨を外側
に開く
頭を入れる

新体幹キャット＆ドッグ

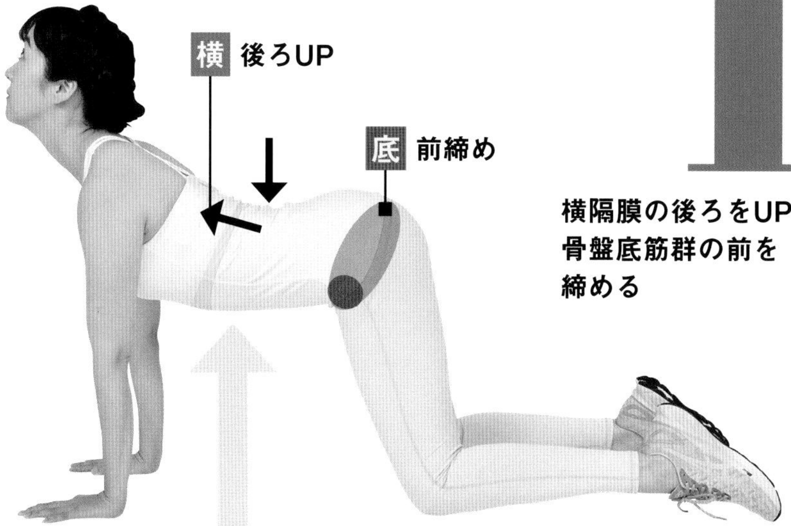
横 後ろUP
底 前締め

1

横隔膜の後ろをUP、
骨盤底筋群の前を
締める

体幹が
やわらかく、
動きも安定
させやすい！

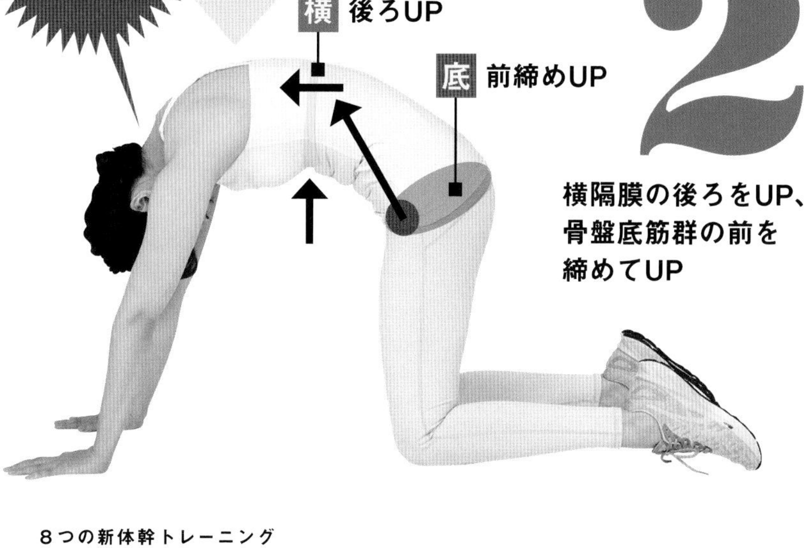
横 後ろUP
底 前締めUP

2

横隔膜の後ろをUP、
骨盤底筋群の前を
締めてUP

従来のダイアゴナル

新体幹
トレーニング
8

ダイアゴナル

1

四つんばいになる

2

対角のひじとひざを合わせる

3

対角の腕と脚を伸ばす

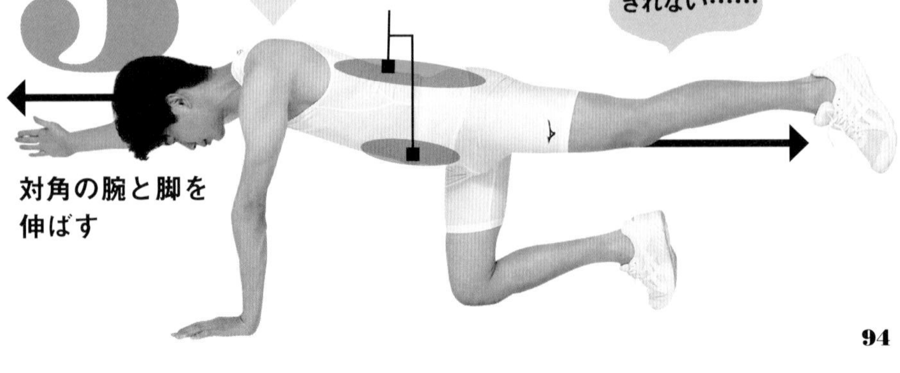

アウターマッスルの脊柱起立筋群や腹直筋に負担集中
ふらつくし、伸ばしきれない……

新体幹ダイアゴナル

**ダイアゴナルの横隔膜&
骨盤底筋群の動作局面は5つある！**

1 四つんばい時
2 脚上げ時
3 腕上げ時
4 姿勢キープ時
5 ひじ&ひざ曲げ時

1 四つんばい時

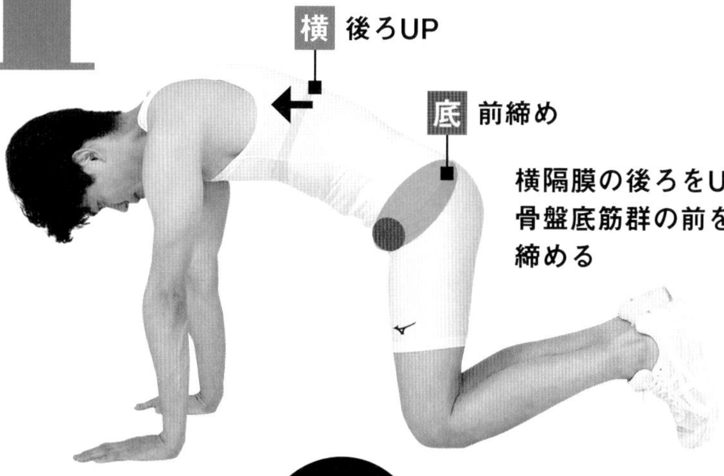

横隔膜の後ろをUP、
骨盤底筋群の前を
締める

次ページ

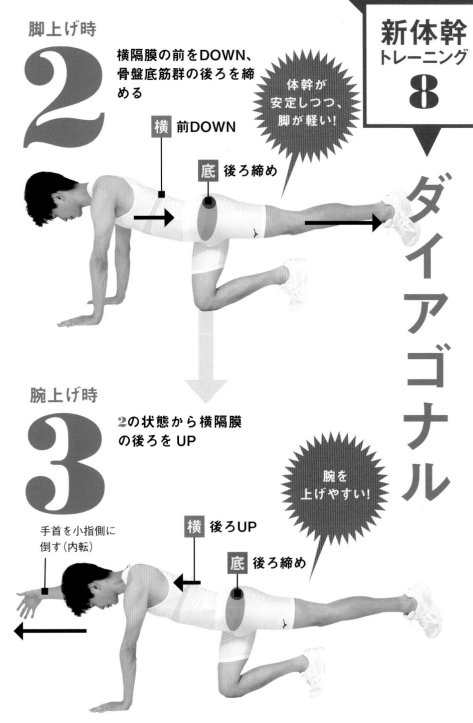

新体幹トレーニング 8

ダイアゴナル

脚上げ時

2

横隔膜の前をDOWN、骨盤底筋群の後ろを締める

体幹が安定しつつ、脚が軽い!

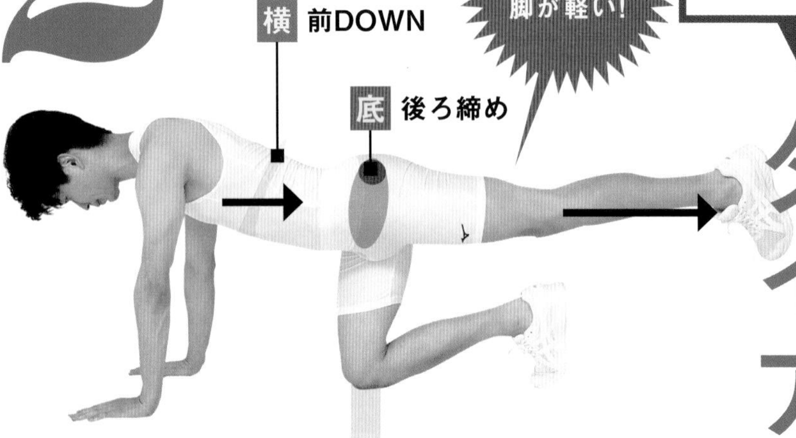
横 前DOWN
底 後ろ締め

腕上げ時

3

2の状態から横隔膜の後ろをUP

腕を上げやすい!

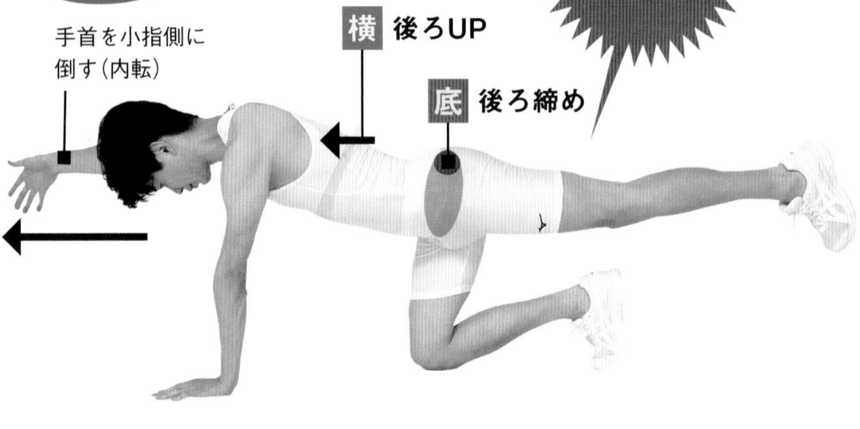
手首を小指側に倒す(内転)
横 後ろUP
底 後ろ締め

姿勢キープ時

4

**横隔膜の前をDOWN、
骨盤底筋群の後ろを締める**

体幹の
真ん中に
集める意識で
姿勢が安定!

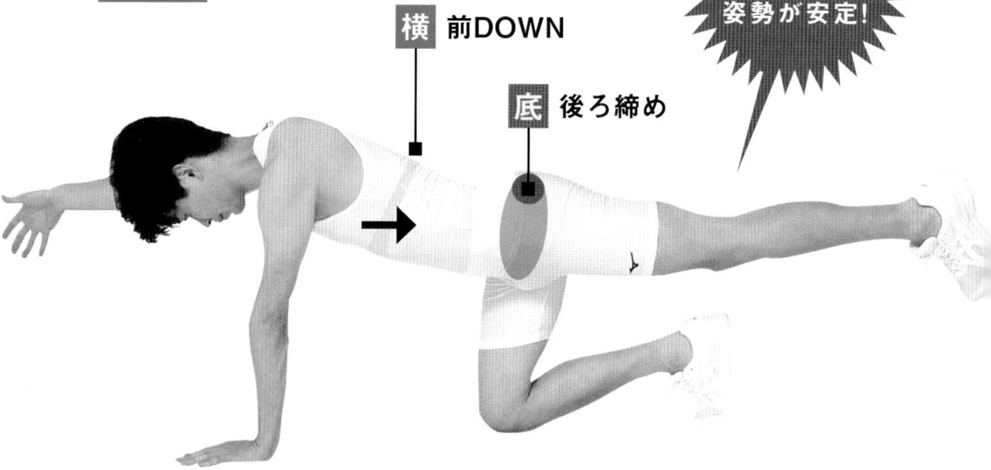

次ページ

ダイアゴナル

ひじ＆ひざ曲げ時

5

横隔膜の前をDOWN、
骨盤底筋群の前を締める

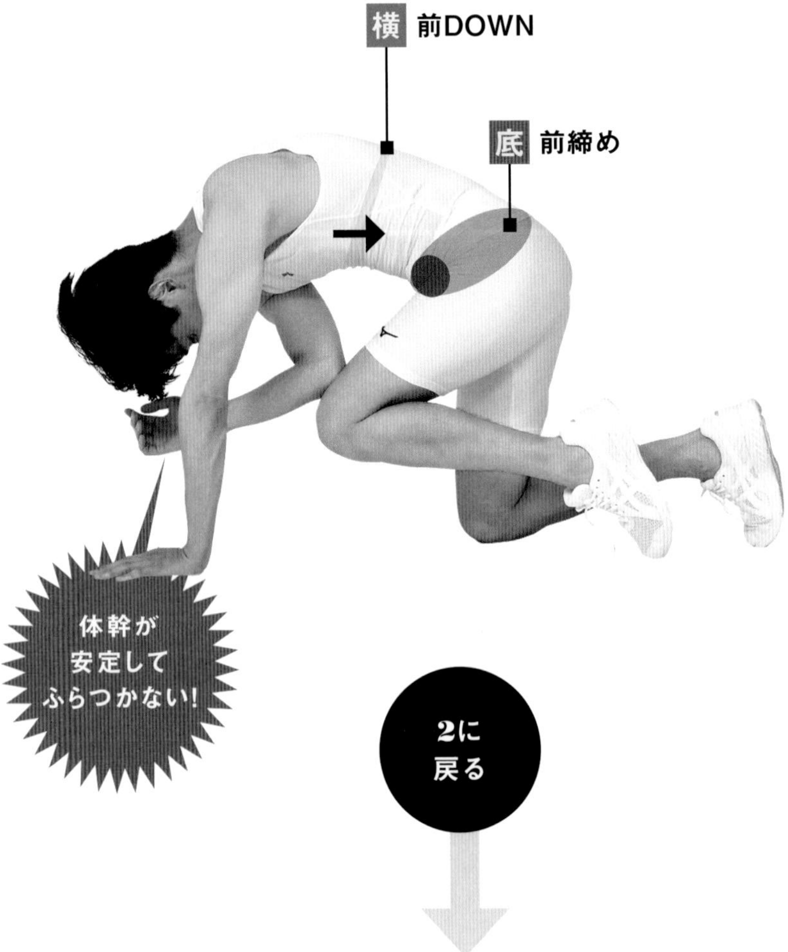
横 前DOWN
底 前締め
体幹が
安定して
ふらつかない!

2に
戻る

第3章

日常動作で体得する「使える体幹」

≫日常動作

使える体幹は、「スキル」である!

体幹は、実践の場で技術を磨いていく!

これまで、横隔膜や骨盤底筋群をコントロールし、インナーマッスルを優位な状態にしながら「使える体幹」の基本的な動作感覚を学んできました。まだ、不慣れなところはあるかもしれないですが、従来とは異なる体幹の動作感覚は実感できたのではないでしょうか?

しかし、「使える体幹」は、**日常的な動作やスポーツの現場で、実際に活かされなければ意味がありません。**このような新しい体幹の概念は、「カラダの状態」というよりも、むしろ「**スキル（技術）**」といったほうが正しいかもしれません。

横隔膜を意識した動作感覚で安定性や軽さを調整し、骨盤底筋群の力のコントロールで動作の方向性をリードする。一見、複雑な技術に見えますが、**簡単なところから徐々に慣れていき、精度を磨いていく**過程は、まさにスキルをレベルアップさせていく過程そのものです。

ここで重要になってくるのは、日頃の意識。日常的にあらゆる動作を行っていくなかで、**「使える体幹」が機能するように意図して使っていく**ことです。それがやがて、無意識のレベルで実践できるようになっていきます。

ここで少し実践的な訓練、通称「マイコー」を覚えつつ、日常動作での「使える体幹」を学んでいきましょう。

通称「マイコー」で体幹は実践モードに！

キング・オブ・ポップと呼ばれたアーティストの動きを模した股関節の引き上げ動作。この動きができれば、「使える体幹」の動作感覚がより実践的になる！

「マイコー」の動き

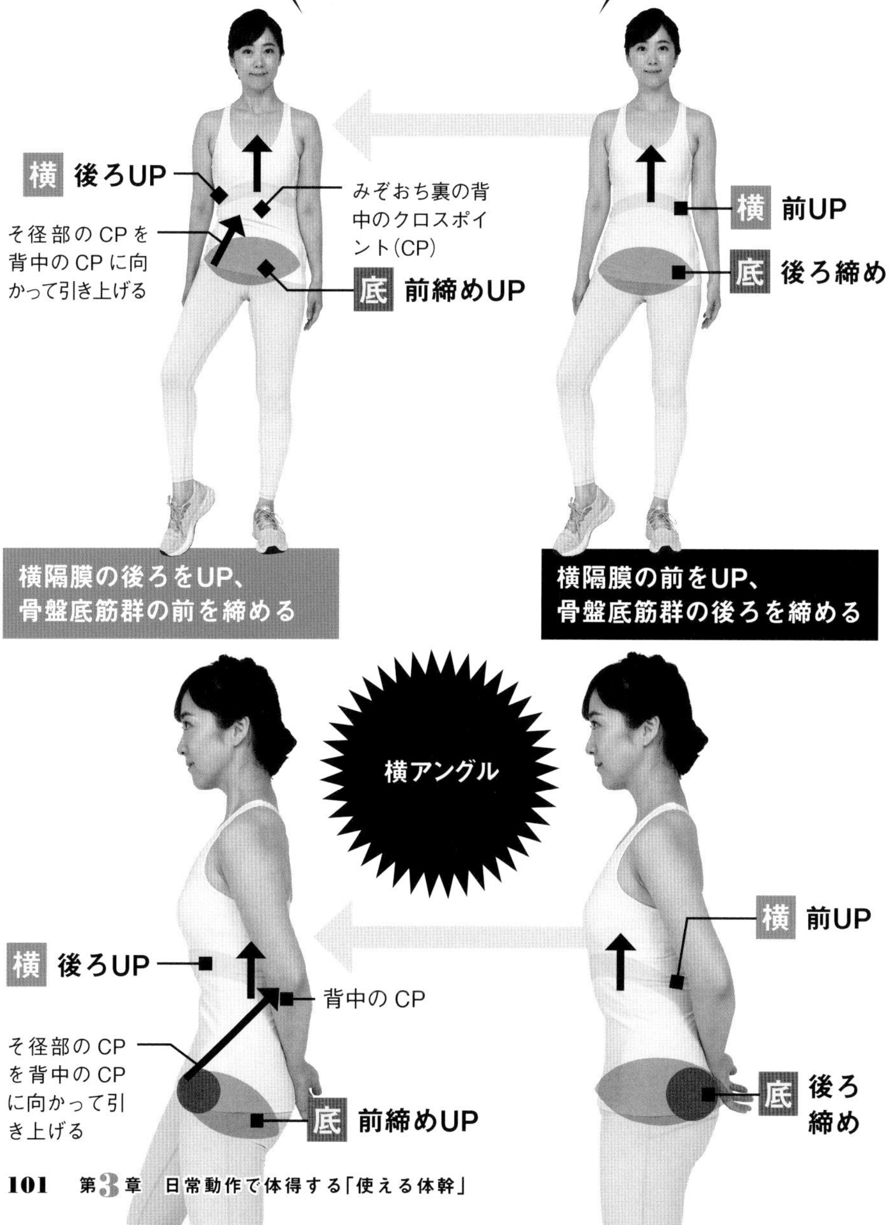
横 後ろUP
みぞおち裏の背中のクロスポイント（CP）
そ径部のCPを背中のCPに向かって引き上げる
底 前締めUP
横 前UP
底 後ろ締め
横隔膜の後ろをUP、骨盤底筋群の前を締める
横隔膜の前をUP、骨盤底筋群の後ろを締める
横アングル
横 後ろUP
背中のCP
そ径部のCPを背中のCPに向かって引き上げる
底 前締めUP
横 前UP
底 後ろ締め

疲れない歩き方
☞P106

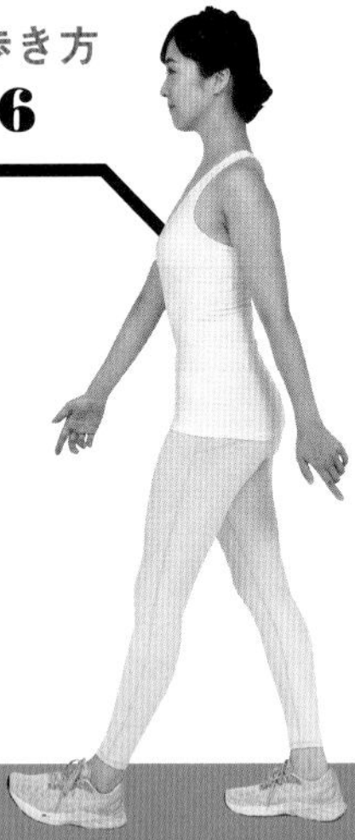

疲れない立ち方
☞P104

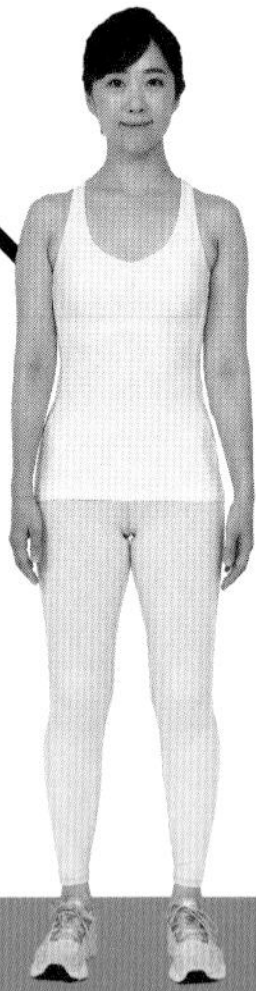

「使える体幹」は日常生活で手に入れろ!

イスに座る・
立ち上がる
☞P108

正座から
立ち上がる
☞P110

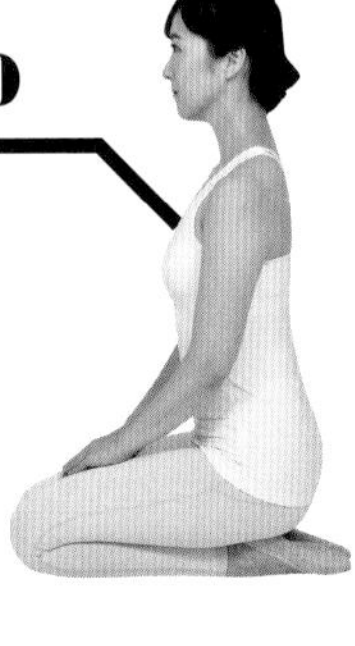

電車内で立つ
☞P114

階段を上る・下りる
☞P112

物を持ち上げる
☞P116

普段の日常生活から動作感覚を磨く！

ここからは、日常動作における「使える体幹」の使い方を解説していきます。

日常生活のなかには、さまざまな動作があります。そのなかでも、とくに**「疲れる、少しキツイ」と感じることが多い動作**をセレクトしてみました。

インナーマッスルのスイッチがオフ状態になっていたときと、横隔膜や骨盤底筋群をコントロールしながら体幹を使って動かしたときでは、**動作感覚が格段に変化**します。

体幹のスキルを磨く訓練の一環として、日常動作も横隔膜に意識を向けて「使える体幹」を感じてみましょう。

デスクワーク時の
ラクな姿勢
☞P120

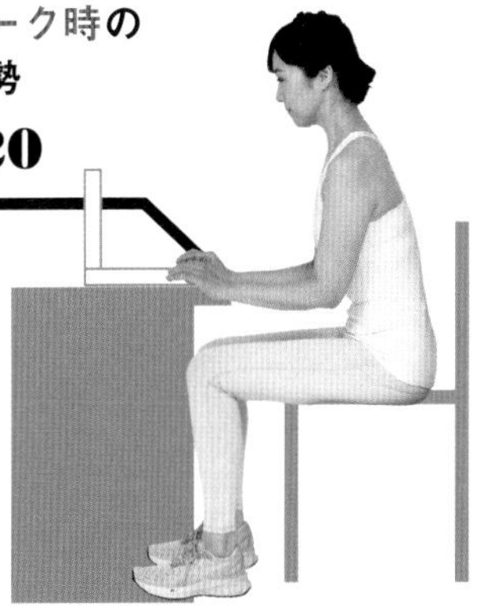

重い荷物を持つ
☞P118

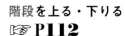

疲れる立ち方

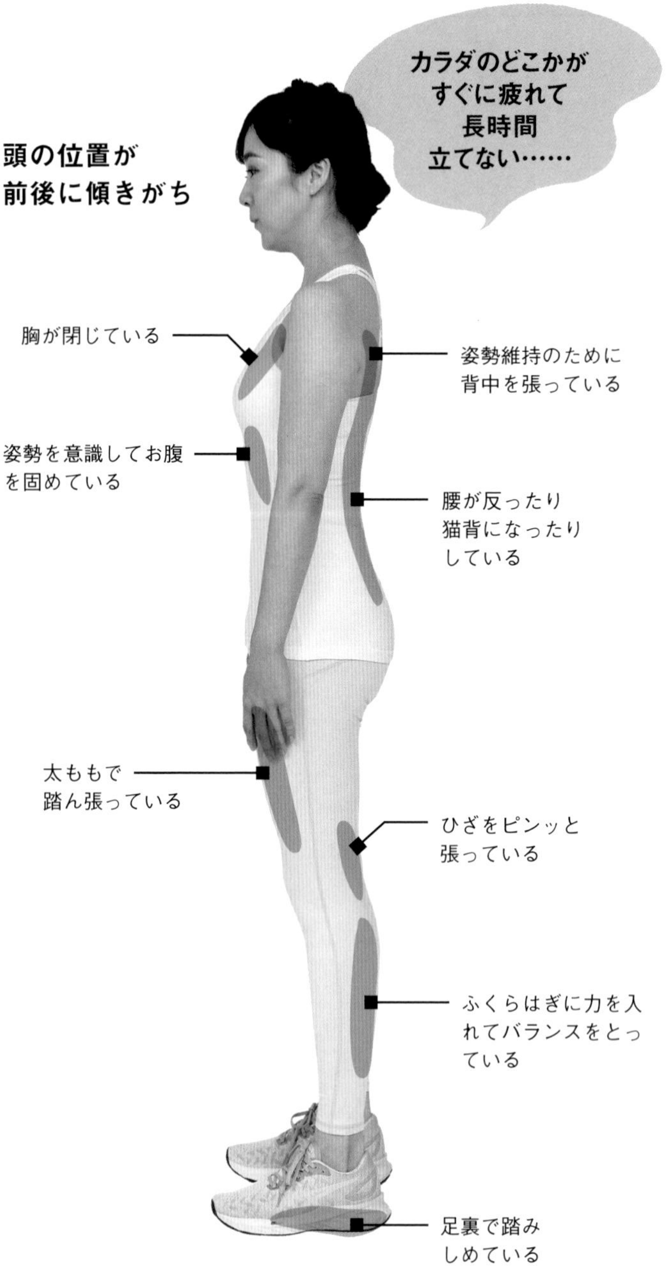
カラダのどこかが
すぐに疲れて
長時間
立てない……
頭の位置が
前後に傾きがち
胸が閉じている
姿勢維持のために
背中を張っている
姿勢を意識してお腹
を固めている
腰が反ったり
猫背になったり
している
太ももで
踏ん張っている
ひざをピンッと
張っている
ふくらはぎに力を入
れてバランスをとっ
ている
足裏で踏み
しめている

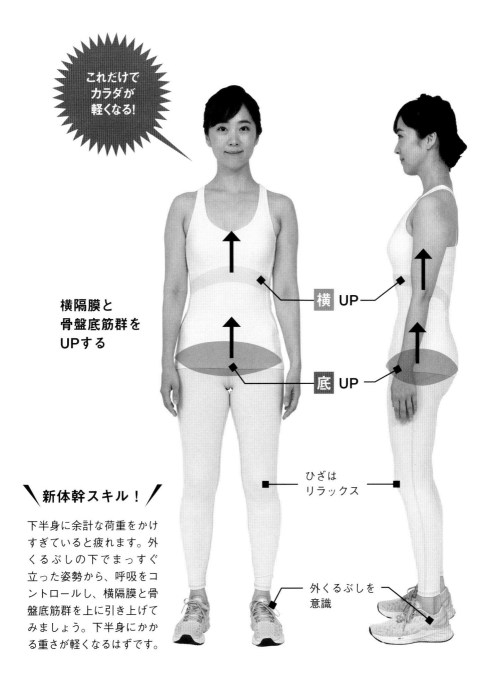

使える体幹で立つ

これだけで
カラダが
軽くなる!

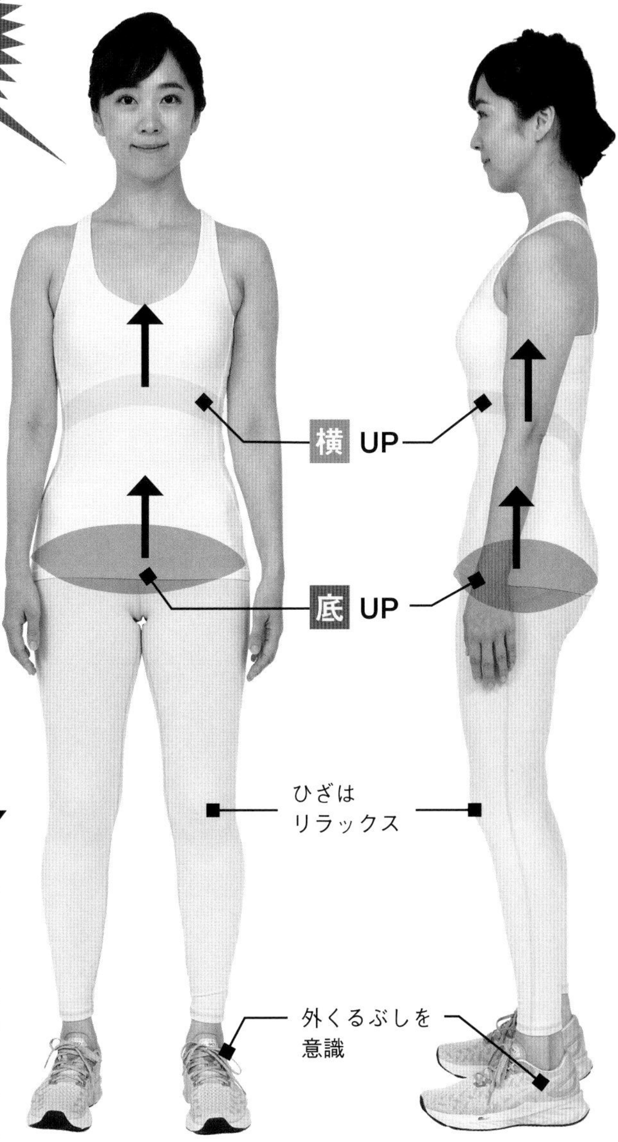
横 UP
底 UP
ひざは
リラックス
外くるぶしを
意識

横隔膜と
骨盤底筋群を
UPする

新体幹スキル！

下半身に余計な荷重をかけすぎていると疲れます。外くるぶしの下でまっすぐ立った姿勢から、呼吸をコントロールし、横隔膜と骨盤底筋群を上に引き上げてみましょう。下半身にかかる重さが軽くなるはずです。

疲れる歩き方

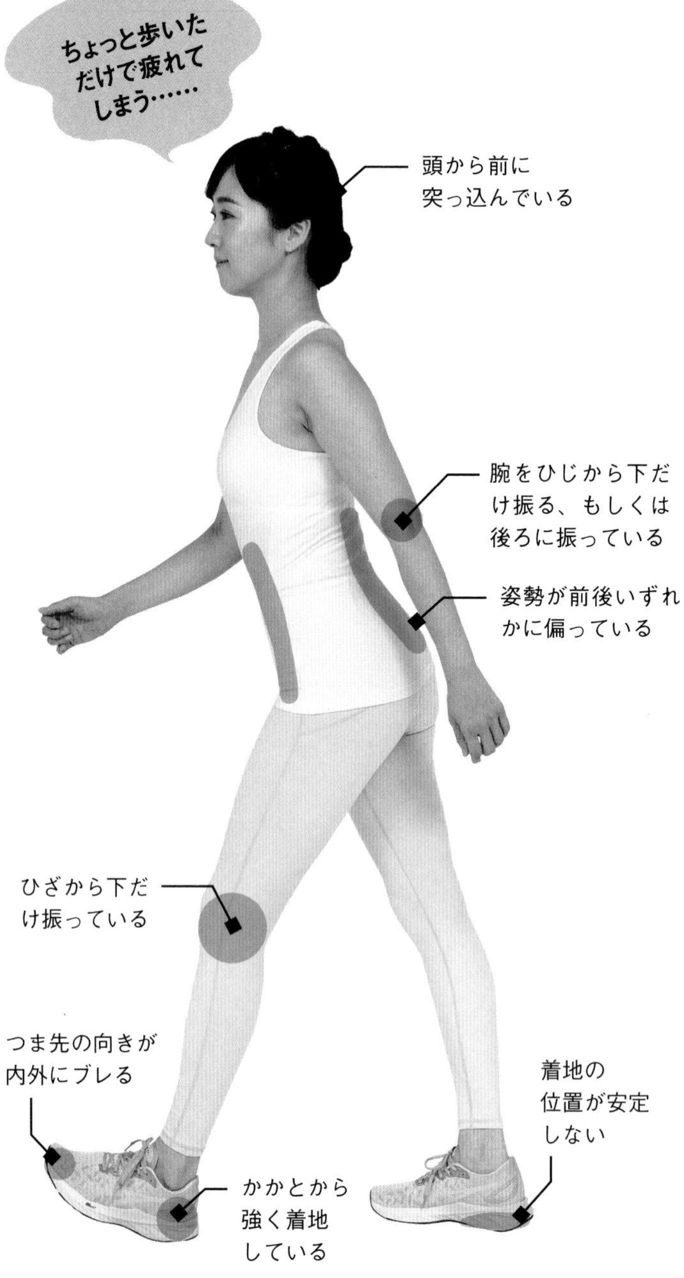
ちょっと歩いただけで疲れてしまう……
頭から前に突っ込んでいる
腕をひじから下だけ振る、もしくは後ろに振っている
姿勢が前後いずれかに偏っている
ひざから下だけ振っている
つま先の向きが内外にブレる
着地の位置が安定しない
かかとから強く着地している

使える体幹で歩く

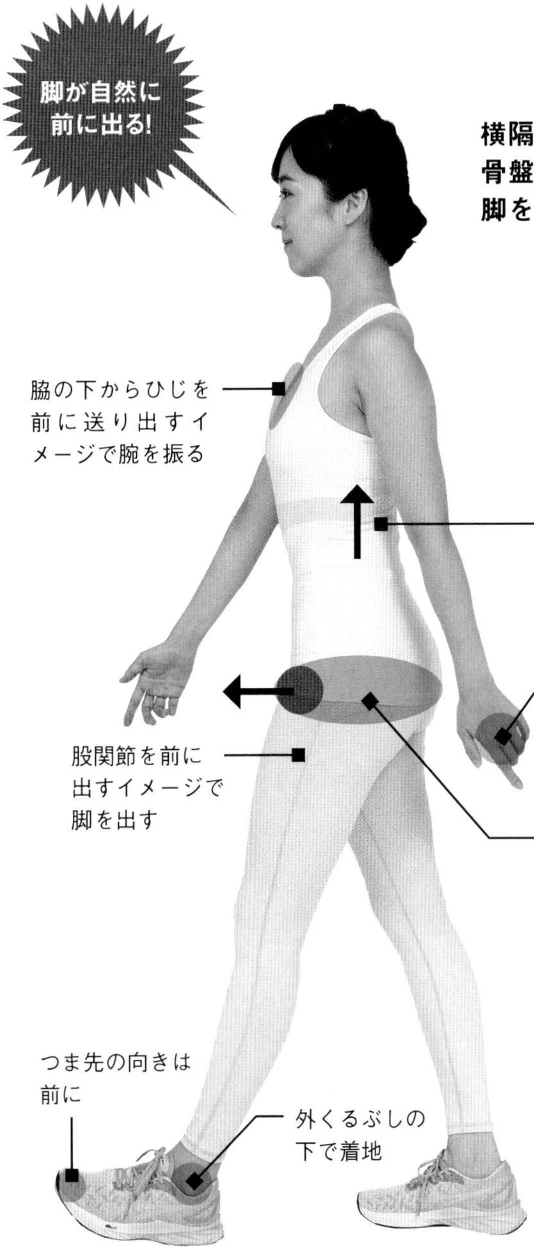
脚が自然に
横隔膜の後ろをUP、
骨盤底筋群の前を締めて
脚をリードする
脇の下からひじを
前に送り出すイ
メージで腕を振る
横 後ろUP
手は軽く小指側で握る
イメージ
（ゆるくピストル型に）
股関節を前に
出すイメージで
底 前締めでリード

新体幹スキル！

横隔膜の後ろを引き上げ、おしっこをガマンするように骨盤底筋群の前を締めると、カラダが軽い状態で脚も自然に前に出ます。手を小指側主体で軽く握ると、腕のインナーマッスルが働き、腕振りもラクに。

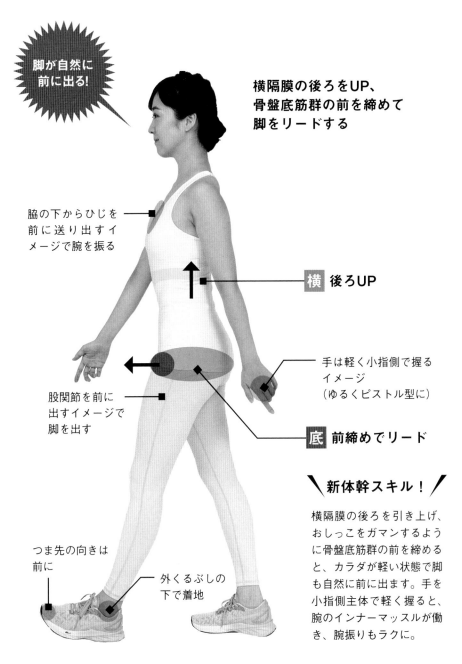

疲れる立ち方・座り方

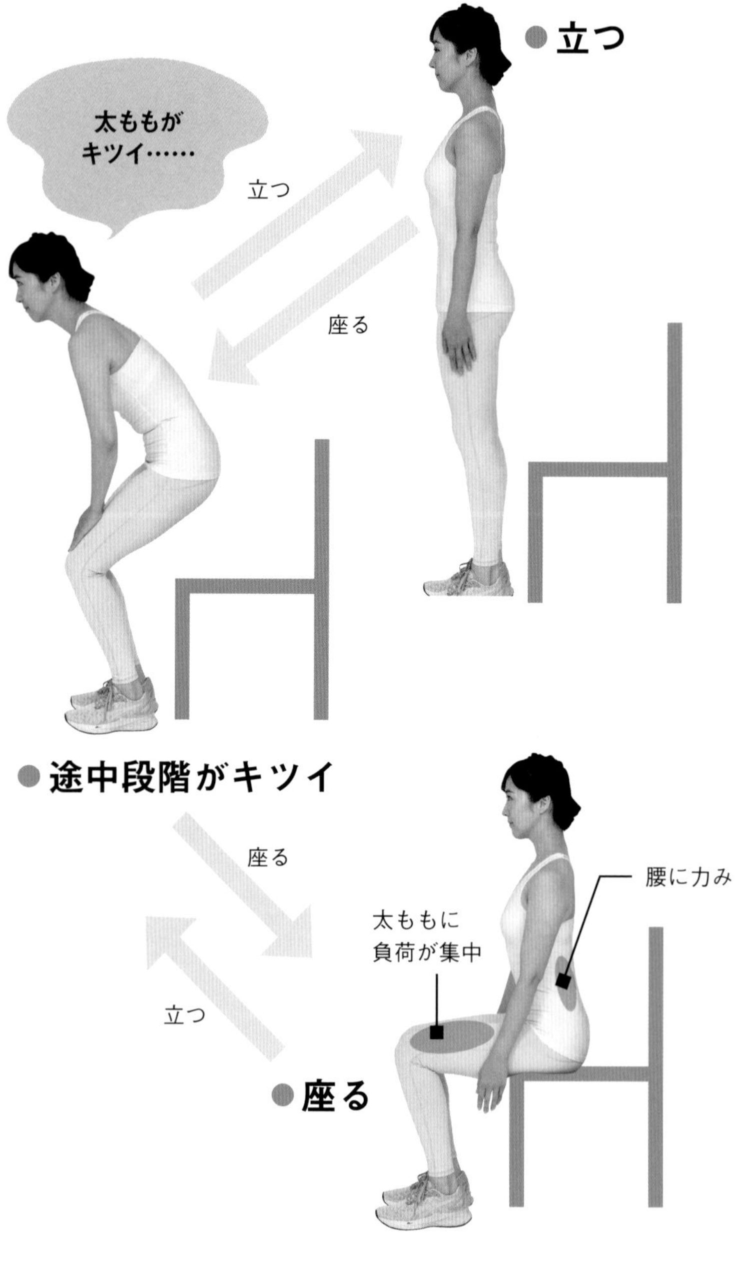
●立つ
太ももがキツイ……
立つ
座る
●途中段階がキツイ
座る
腰に力み
太ももに負荷が集中
立つ
●座る

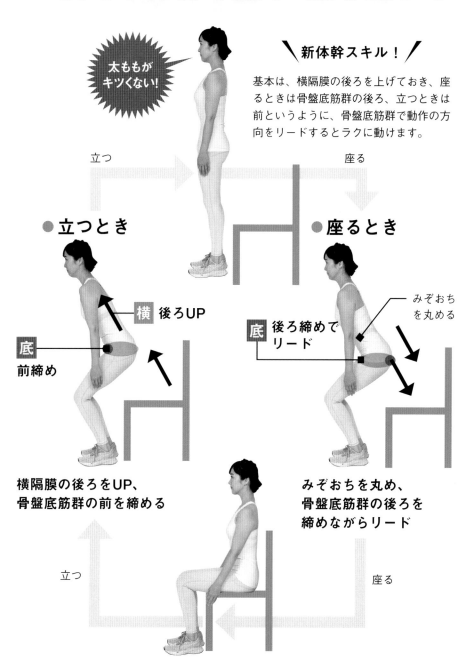

使える体幹で座る・立ち上がる

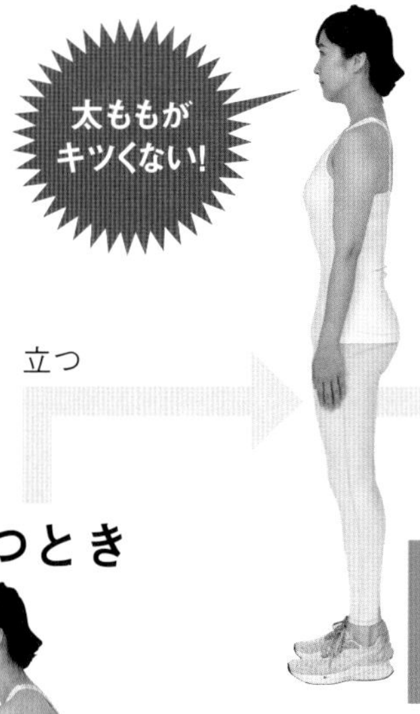
太ももが
キツくない!

＼新体幹スキル！／

基本は、横隔膜の後ろを上げておき、座るときは骨盤底筋群の後ろ、立つときは前というように、骨盤底筋群で動作の方向をリードするとラクに動けます。

立つ

座る

●立つとき

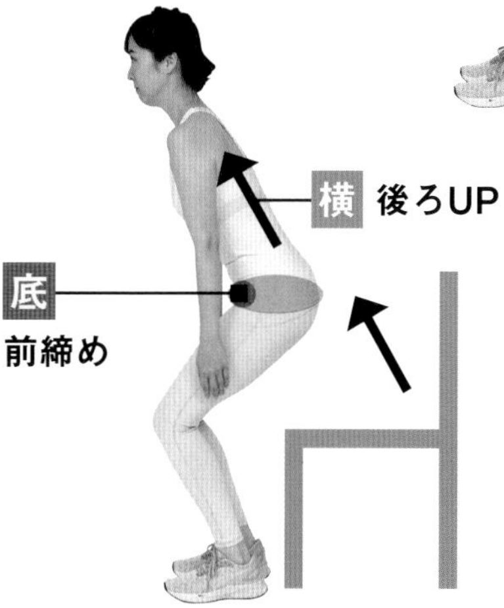
横
後ろUP
底
前締め

**横隔膜の後ろをUP、
骨盤底筋群の前を締める**

●座るとき

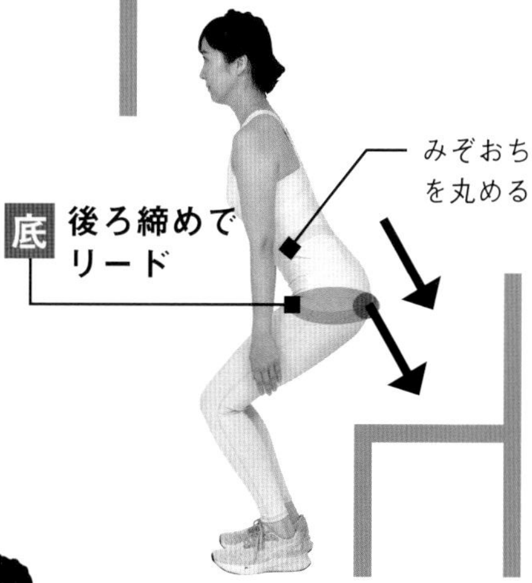
みぞおち
を丸める
底
後ろ締めで
リード

**みぞおちを丸め、
骨盤底筋群の後ろを
締めながらリード**

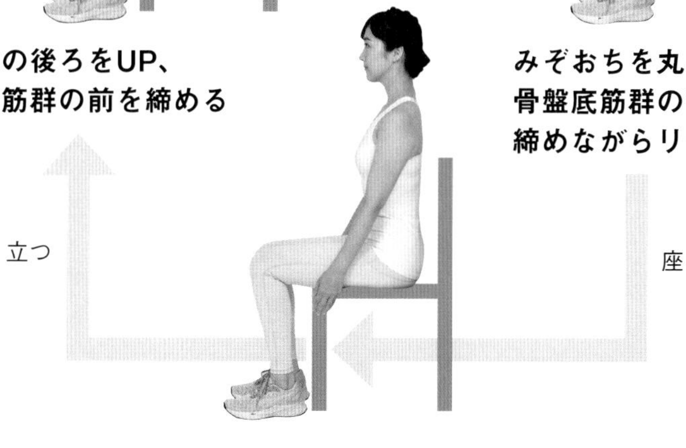
立つ
座る

正座から立ち上がる

つらい正座と立ち上がり方

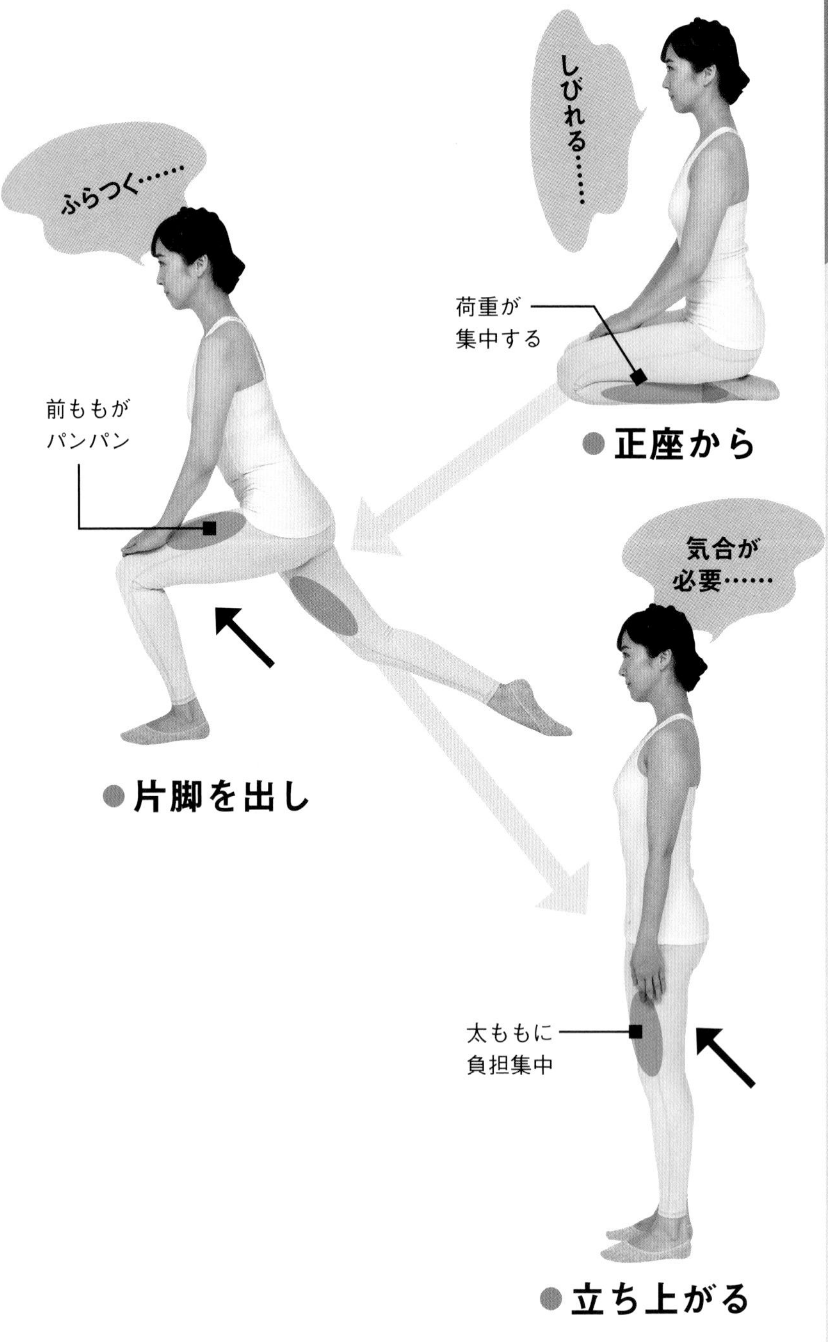
しびれる……
荷重が集中する
●正座から
ふらつく……
前ももがパンパン
●片脚を出し
気合が必要……
太ももに負担集中
●立ち上がる

使える体幹で正座から立ち上がる

足首が痛くない！
P100の「マイコー」の要領で股関節を背中のCPに引き上げる

横隔膜の後ろをUP、
骨盤底筋群の前を締めて
「マイコー」で引き上げる

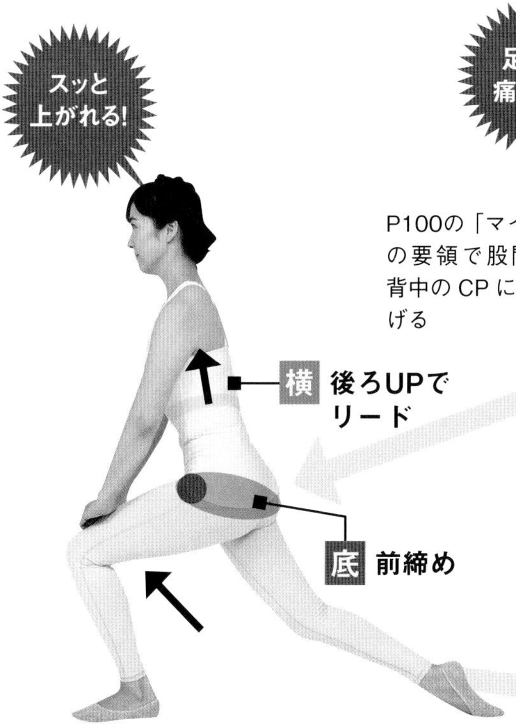

スッと上がれる！

横隔膜の後ろを
さらにUPし、
カラダをリードする

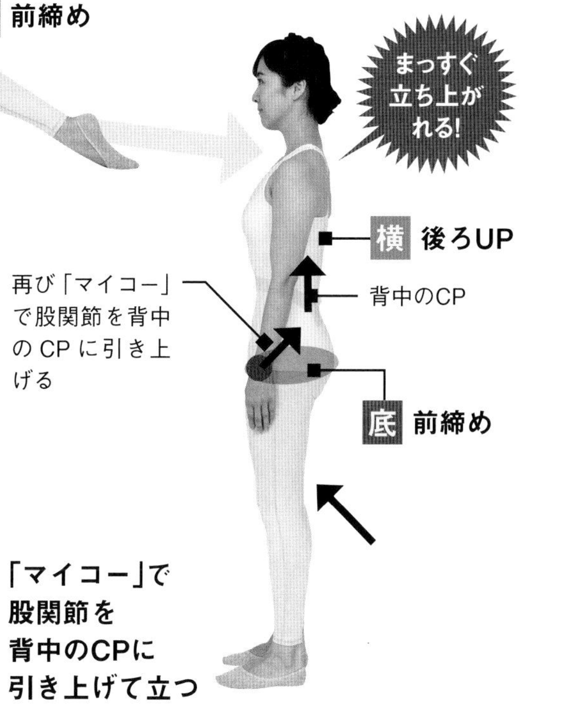

まっすぐ立ち上がれる！

引き上げて立つ

新体幹スキル！

正座から立つ動きで大変なのは、前後の脚の引き上げです。横隔膜の後ろを上げておき、どちらの脚も股関節を背中のクロスポイントに向かって引き上げる「マイコー」の要領で動かすと、スムーズになります。

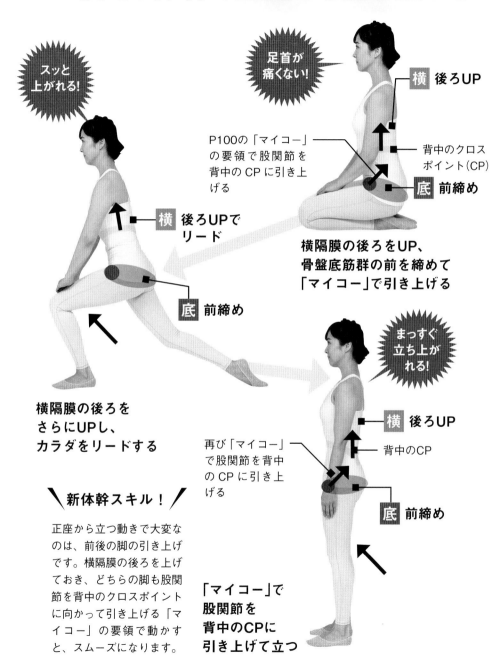

疲れる階段の上り下り

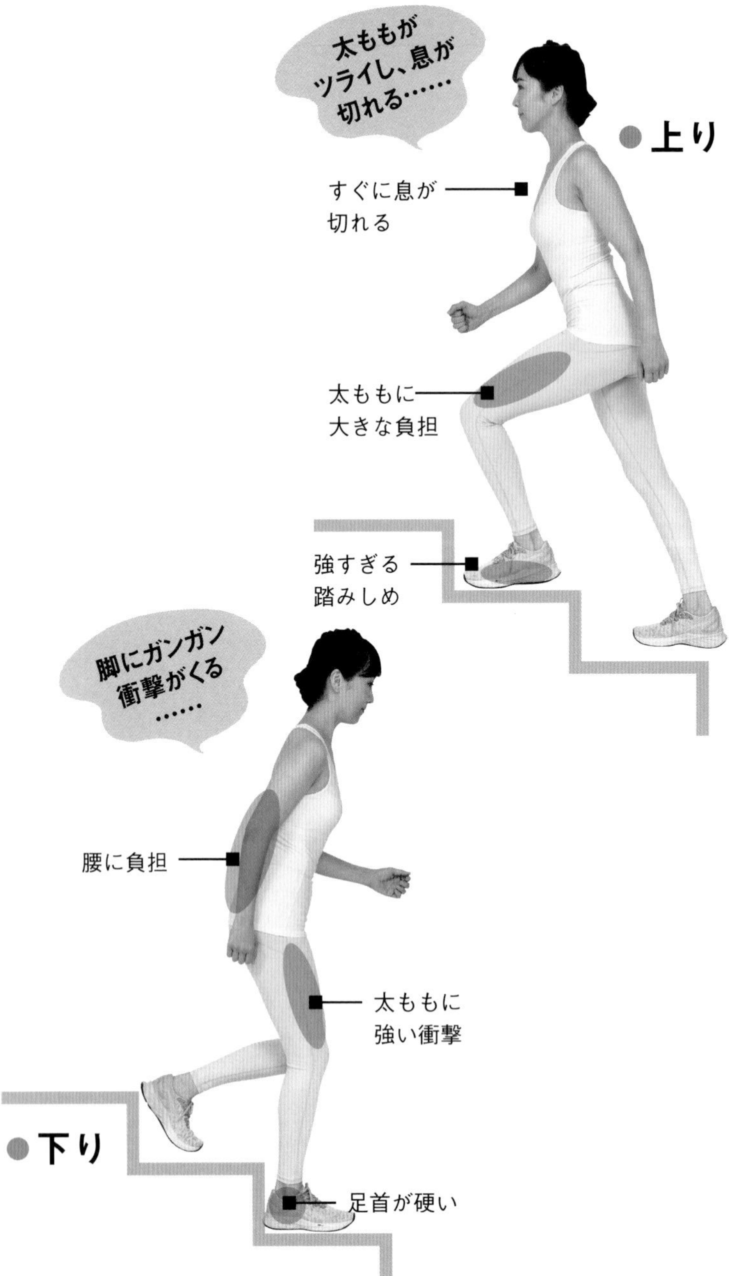
太ももがツライし、息が切れる……
上り
すぐに息が切れる
太ももに大きな負担
強すぎる踏みしめ
脚にガンガン衝撃がくる……
腰に負担
太ももに強い衝撃
下り
足首が硬い

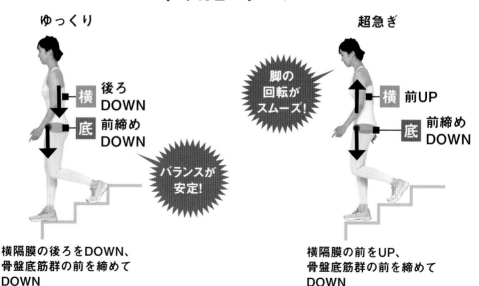

使える体幹で階段を上る・下りる

上りは横隔膜の後ろをUP、骨盤底筋群の前を締めてUPし、「マイコー」で股関節を背中のクロスポイント(CP)に引き上げる

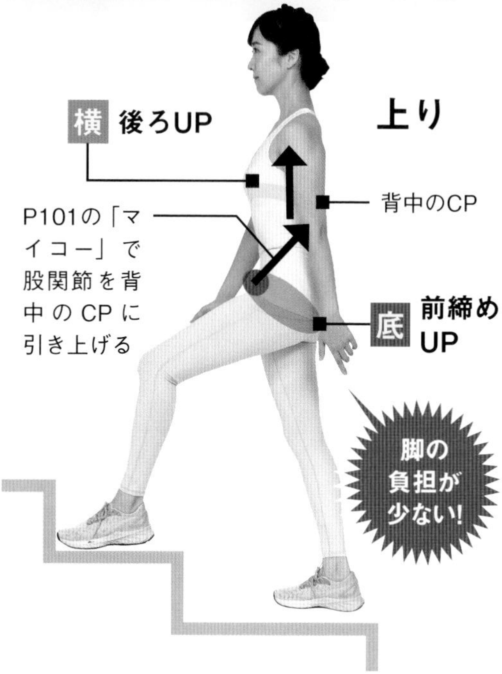
横
後ろUP
上り
背中のCP
P101の「マイコー」で股関節を背中のCPに引き上げる
底
前締めUP
脚の負担が少ない!

＼ 新体幹スキル！ ／

基本的に移動する方向に沿って横隔膜と骨盤底筋群を上げ下げすればOK。下りの場合は、スピードによって多少調整します。ゆっくりのときは、両方とも下げ、速めのときは、横隔膜を上げた状態で脚を素早く回していきます。

下りは2パターン

ゆっくり

横
後ろDOWN
底
前締めDOWN
バランスが安定!

横隔膜の後ろをDOWN、骨盤底筋群の前を締めてDOWN

超急ぎ

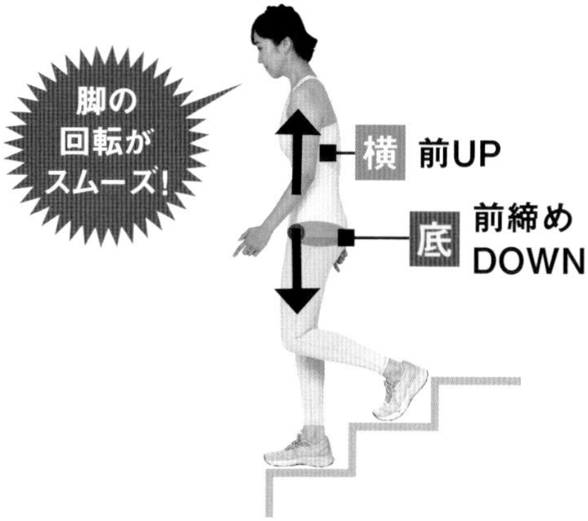
脚の回転がスムーズ!
横
前UP
底
前締めDOWN

横隔膜の前をUP、骨盤底筋群の前を締めてDOWN

電車内で立つ

安定しない電車内での立ち方

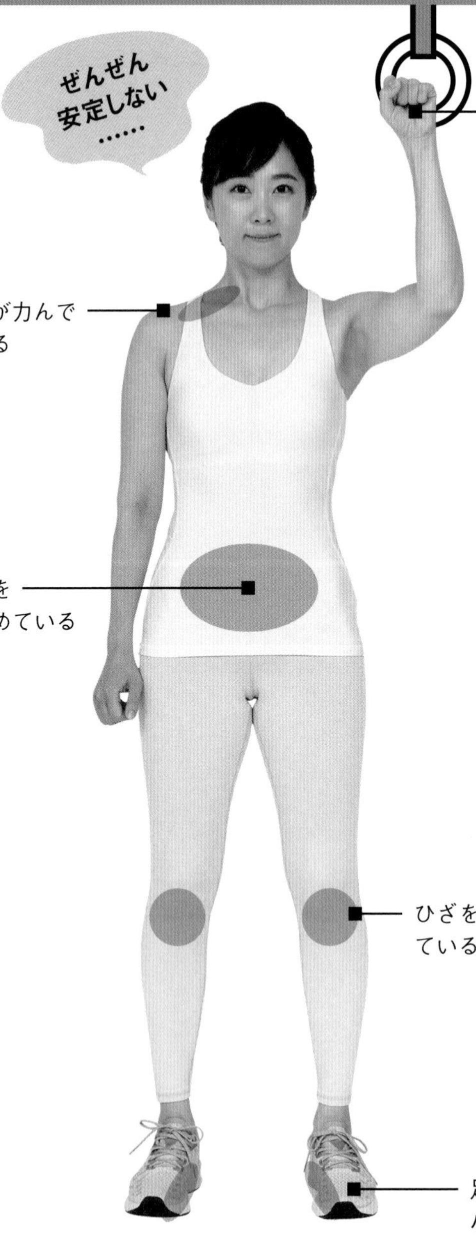
ぜんぜん
安定しない
……
強く握り
しめている
肩が力んで
いる
お腹に力を
入れて固めている
ひざを固め
ている
足裏を踏みしめて
バランスを
とっている

● 揺れる電車内で立つ

使える体幹で電車内で立つ

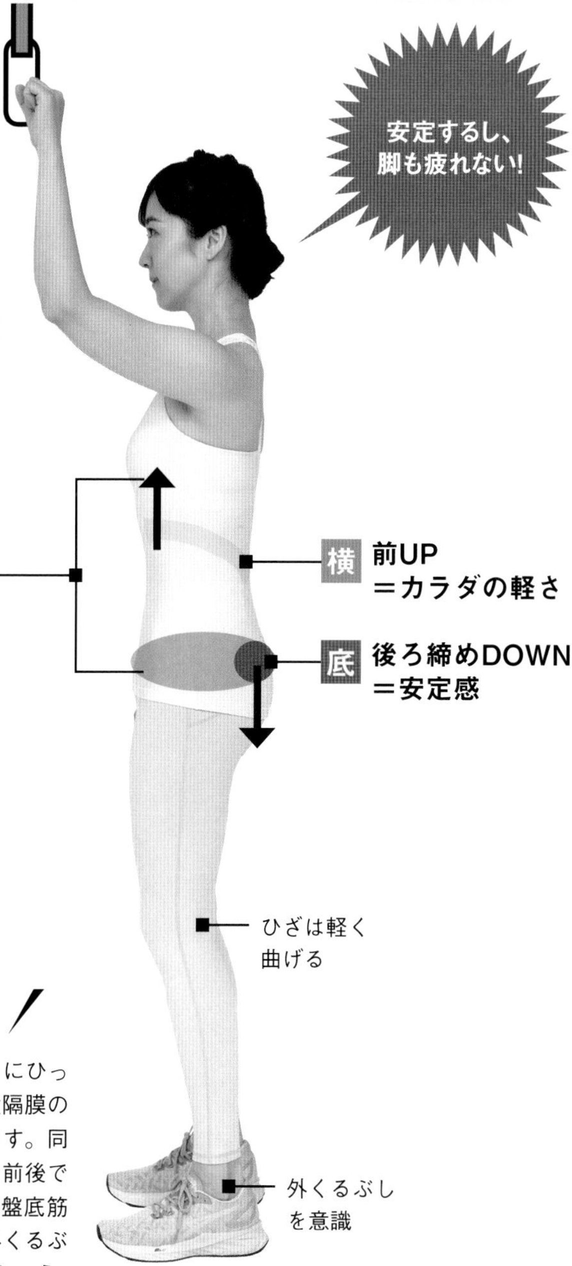
横隔膜の前をUP、
骨盤底筋群の
後ろを締めてDOWN
前後で
バランスを
とる

＼新体幹スキル！／

電車内で立つ場合は、後ろにひっくり返ると危険なので、横隔膜の前を上げて軽くしておきます。同時に安定感が必要なので、前後でバランスをとるために、骨盤底筋群の後ろを下げながら、外くるぶしを意識して立つとよいでしょう。

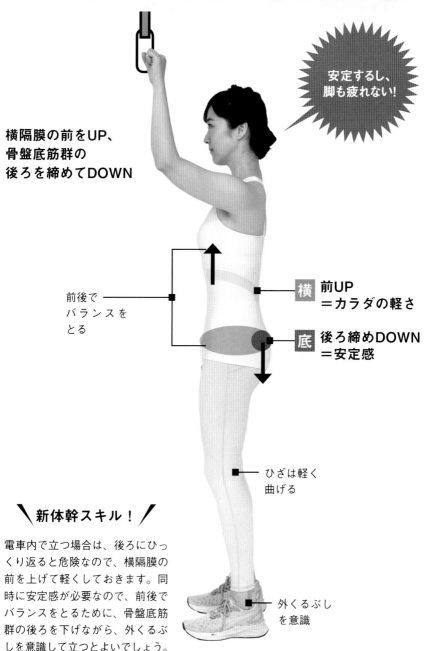

腰に負担のかかる持ち上げ方

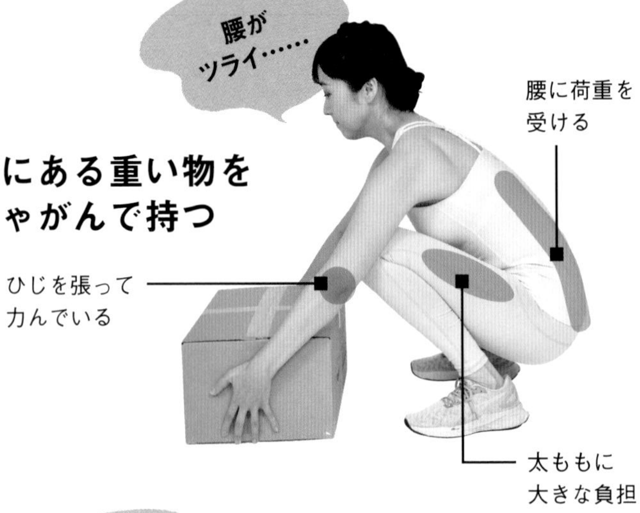
腰が
ツライ……
腰に荷重を
受ける
ひじを張って
力んでいる
太ももに
大きな負担

**●床にある重い物を
しゃがんで持つ**

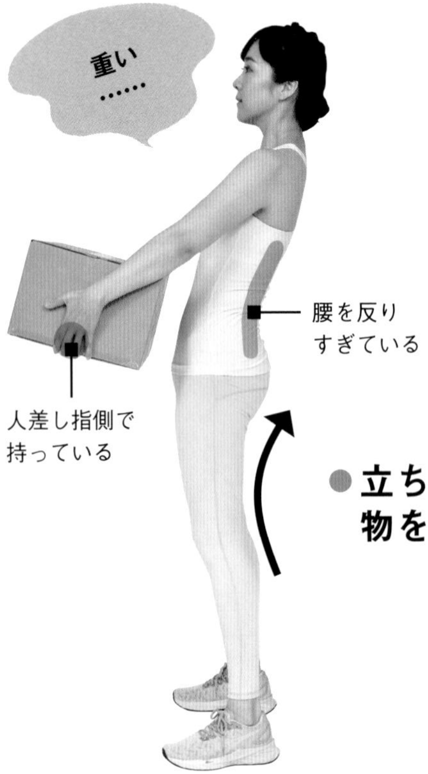
重い
……
腰を反り
すぎている
人差し指側で
持っている

**●立ち上がりながら
物を持ち上げる**

使える体幹で物を持ち上げる

新体幹スキル！

下から荷物を持ち上げる場合は、上半身と下半身の力の方向を相対させ、その反発を利用すると勢いがつきます。横隔膜の上げる力、骨盤底筋群の下げる力の反発を前後でバランスをとりながら利用します。

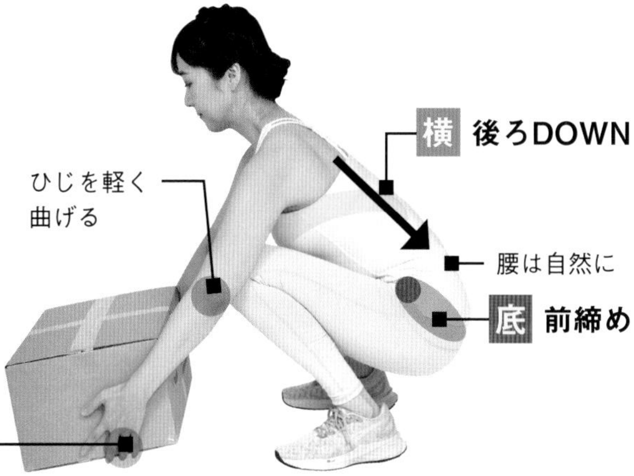

横 後ろDOWN
ひじを軽く曲げる
腰は自然に
底 前締め
小指側で握る

横隔膜の後ろをDOWN、骨盤底筋群の前を締める

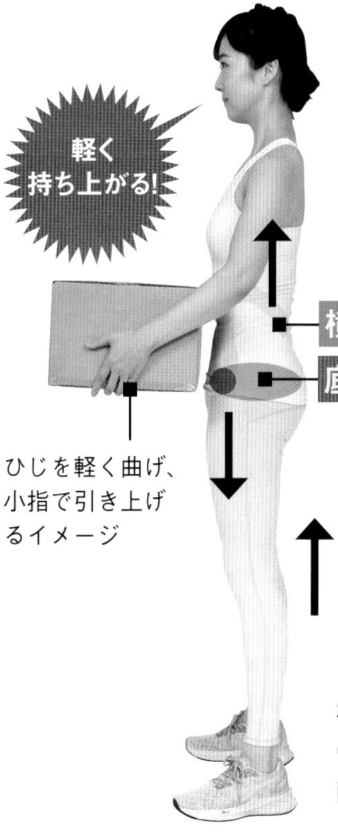

軽く持ち上がる!
横 後ろUP
底 前締めDOWN
ひじを軽く曲げ、小指で引き上げるイメージ

前後でバランスをとり、横隔膜の上げる力と骨盤底筋群の下げる力で反発力を出す

横隔膜の後ろをUP、骨盤底筋群の前を締めてDOWN

重い荷物を持つ

ツライ重い荷物の持ち方

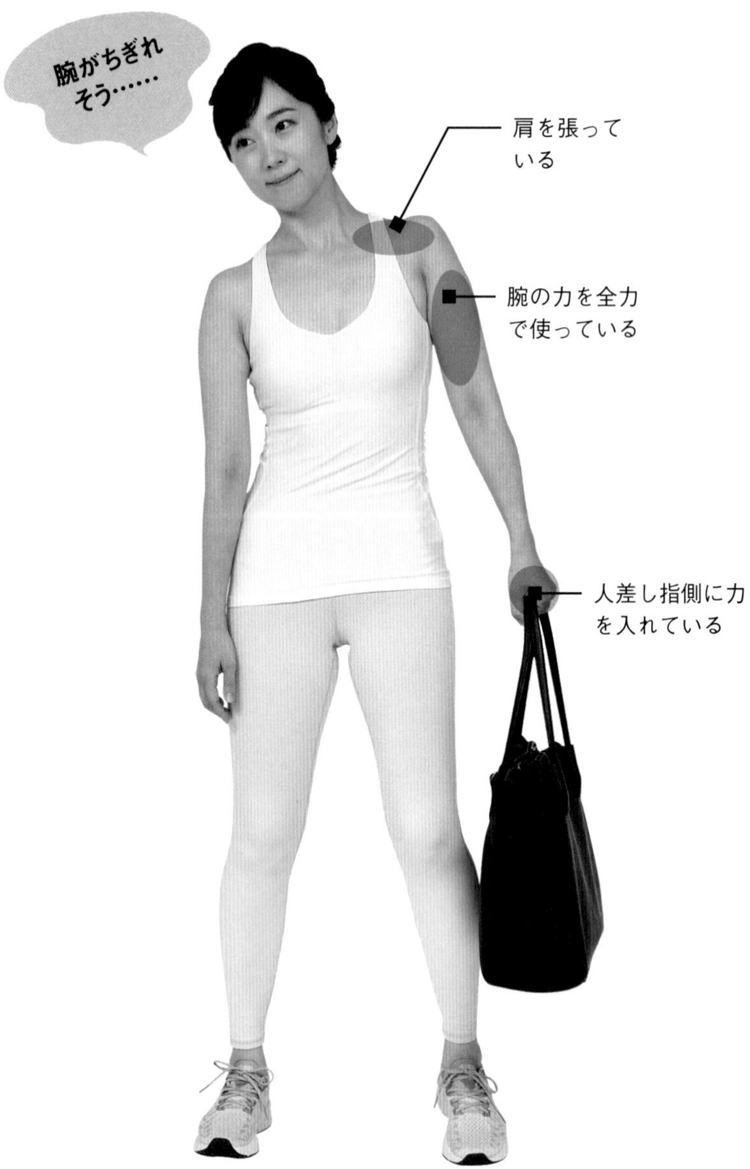
腕がちぎれそう……
肩を張っている
腕の力を全力で使っている
人差し指側に力を入れている

●片手で荷物を持ちながら歩く

使える体幹で重い荷物を持つ

＼新体幹スキル！／

重い荷物を持つと、下方向に極端な荷重がかかるので、その逆方向に横隔膜と骨盤底筋群の力を働かせます。左に荷重が大きい場合は、横隔膜の左側をとくに意識して引き上げるイメージを持ちましょう。

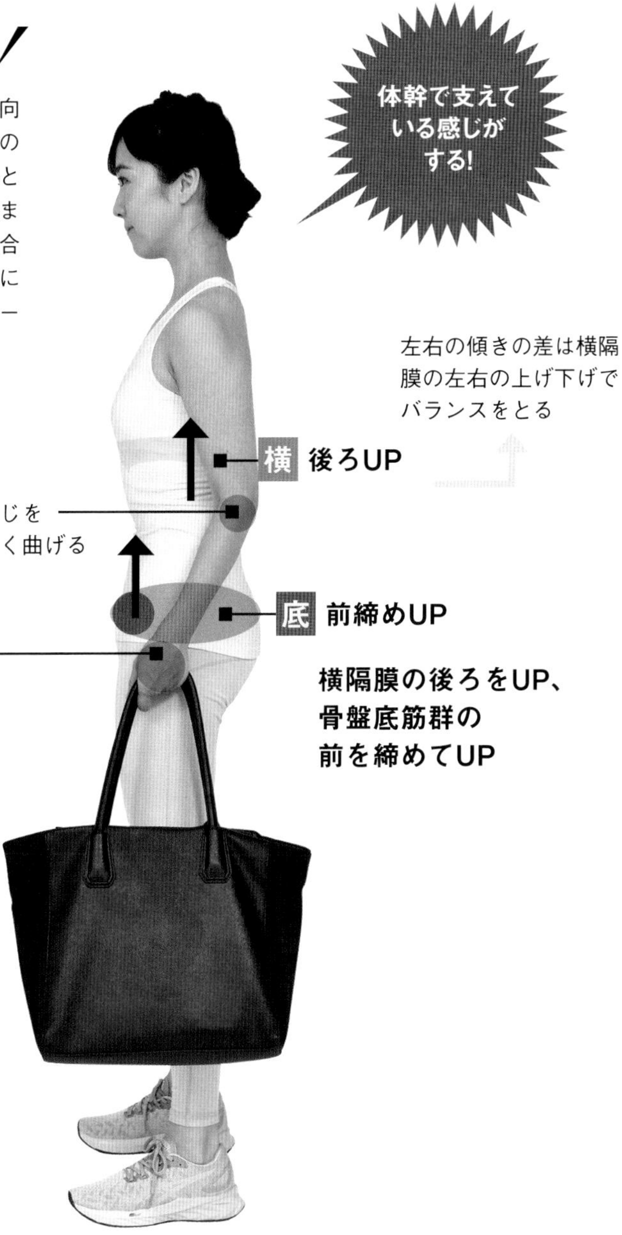
ひじを軽く曲げる
小指側で握る

疲れる姿勢でデスクワーク

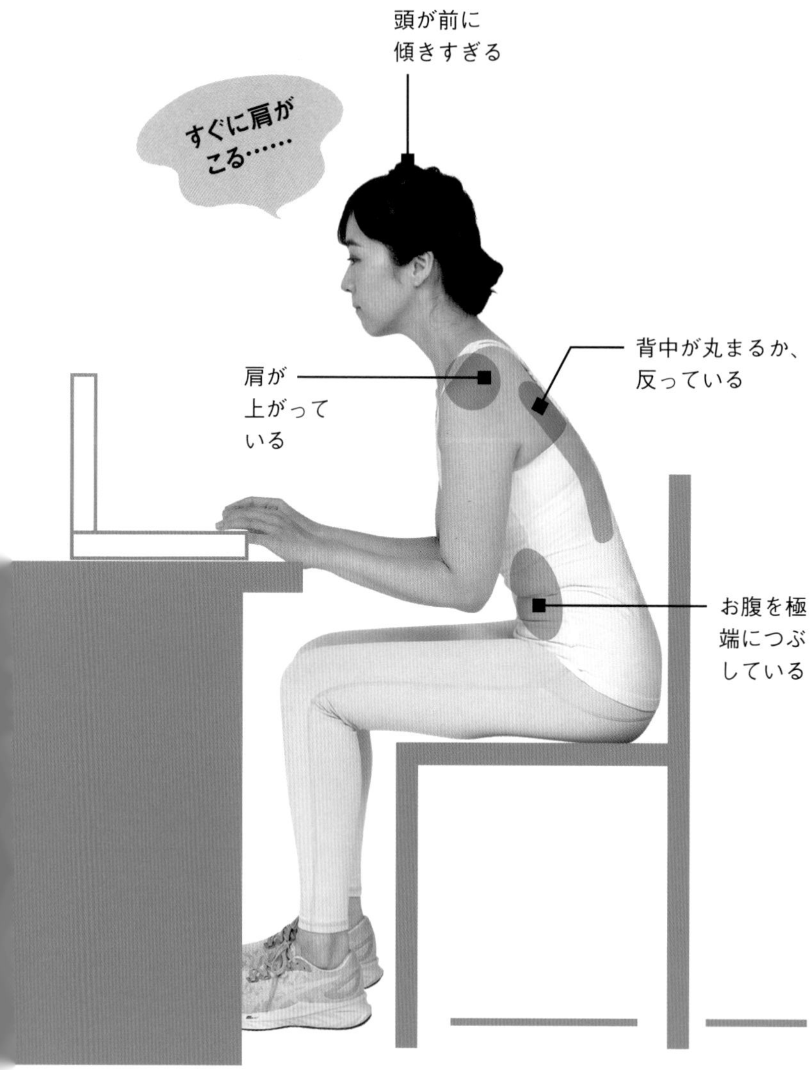
頭が前に
傾きすぎる
すぐに肩がこる……
肩が上がっている
背中が丸まるか、
反っている
お腹を極端につぶしている

● デスクワークで長時間座る

使える体幹でデスクワーク

＼新体幹スキル！／

デスクワークは、前に意識が向きすぎる傾向にあるため、横隔膜の後ろを引き上げてバランスをとります。骨盤底筋群は前後のバランスをとるように前側を締めておきます。胸鎖関節を下げると、肩こり予防に。

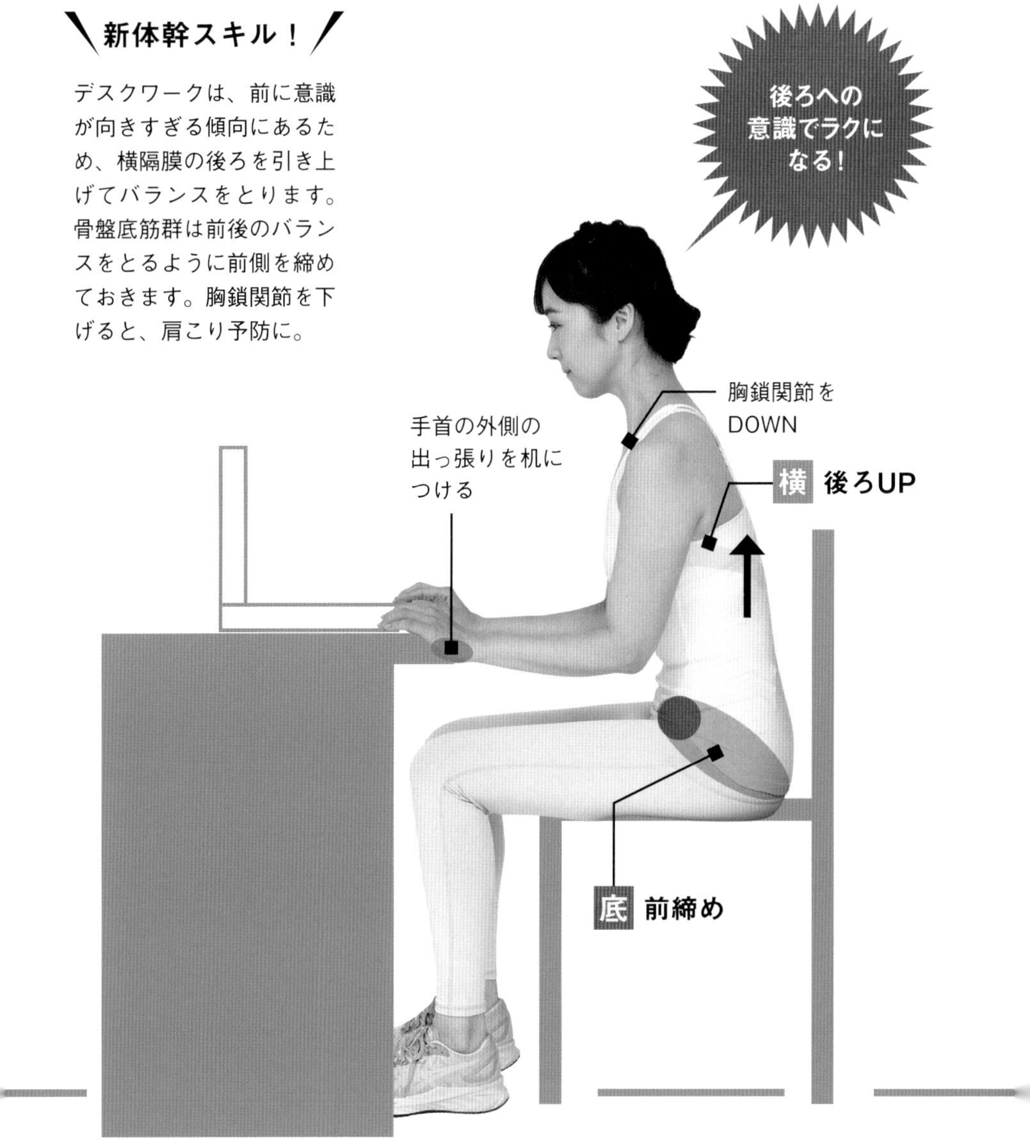

後ろへの意識でラクになる!
胸鎖関節をDOWN
手首の外側の出っ張りを机につける
横 後ろUP
底 前締め

横隔膜の後ろをUP、
骨盤底筋群の前を締める

新体幹コラム 2

字を書くことも体幹を使うとうまくなる!?
綺麗な字を書くコツは「脇」と「小指」

字を書くことにも体幹は影響している、といったら驚かれるでしょうか？

３章では疲れない歩き方や立ち方など、日常生活における体幹を活かすシーンを紹介してきましたが、さすがに字を書くことにまで体幹が関係しているとは思っていなかった方がほとんどでしょう。

実は、体幹を使うことで、字も綺麗に書けるようになるのです。

まずは、なにも考えずにペンを握って、好きな文字を書いてみてください。親指と人差し指に力が入っていないでしょうか？ 親指と人差し指側に力が入っている人は、アウターマッスルが優位になってしまっているため、筆圧が高くなって、字を書きにくい状態になっています。

綺麗な字を書くための方法は至って簡単。親指と人差し指側の力を抜いて、小指側を意識してペンを握ることです。小指側で安定させることで手首と脇が利くようになり、インナーマッスルの働きによって書きやすさが格段に変わります。

さらに、このときのポイントは、その状態で横隔膜を上げること。横隔膜を上げることで上体の軽さが増し、余計な力みがとれるので、ペンのコントロールがスムーズになるのです。それでは、もう一度先ほどと同じ文字を書いてみてください。いかがでしょうか？ 先ほどよりも綺麗な字をスムーズに書くことができるようになったのではないでしょうか？

ちなみに、書道などで力強さを出したいときは横隔膜を下げ、逆に、勢いのある字を書きたいときは横隔膜を上げること。体幹主導で力の強弱を調節することで、指先の細部までコントロールが行き届いた繊細な筆さばきが可能になります。コツをつかめたら、状況に応じて使い分けてみてください。

第4章

スポーツで発揮する「使える体幹」

≫スポーツ

体幹の使い方しだいで スポーツのパフォーマンスが激変する！

動作の局面に応じて 体幹をコントロール！

この章では、**スポーツ競技における「使える体幹」**の具体的な使い方を解説していきます。

競技によって、カラダの使い方の特徴はさまざまです。前に移動しながら力を発揮したり、横に移動したり、寝そべったり、ジャンプしたり、各々の局面のなかで、適正なカラダの動かし方を選択しなければ、パフォーマンスの向上にはつながりません。また、それができないために余計な力が加わることで、ある特定の部位に過負荷がかかり、ケガが絶えないというケースもあるでしょう。

運動のエネルギーは、体幹から生み出されます。それを**どの方向に向けて動かすのか、安定感を出したいのか、軽く素早く動かしたいのか、さまざまな局面に応じて、体幹のポジションを瞬時に変化させていく**ことが求められます。そして、四肢は体幹の生み出したエネルギーを受け取り、正しくアウトプットするだけです。

それゆえ、「使える体幹」は、スポーツでこそ本領を発揮するといえます。**あらゆるスポーツ動作の核は、体幹にある**からです。

これまで、体幹を鍛えるだけで具体的な使い方を知らなかったという方は、その動作感覚の違い、想像以上に動きがスムーズになることをぜひ体感してみてください。

使える体幹のスポーツ動作16

本書で紹介する16のスポーツ動作。競技に応じて体幹を使いこなそう！

ロードバイク：
ライディング

☞P132

ゴルフ：スイング

☞P130

陸上：
短距離ダッシュ

☞P128

陸上：
長距離ラン

☞P126

テニス：スイング

☞P140

テニス：
フットワーク

☞P138

サッカー：
フェイント

☞P136

サッカー：
速いドリブル

☞P134

バレーボール：
スパイク

☞P148

サーフィン：
パドリング

☞P146

野球：バッティング

☞P144

野球：スローイング

☞P142

ボウリング：
スローイング

☞P156

水泳：クロール

☞P154

柔道：組手

☞P152

バスケットボール：
ドリブル

☞P150

陸上

長距離ラン

ジョギング、マラソン、トラックなど長い距離の前進運動を繰り返す競技。安定的かつ省エネなフォームが重要！

前後のバランスをとる

横隔膜の後ろを上げ、カラダを軽くしながら脚を運ぶ。骨盤底筋群の前を締めることで前後のバランスをとる。

手首の内転でインナーマッスルを活性化

小指側から脇の下までインナー優位のスイッチが入り、腕をラクに振れる。

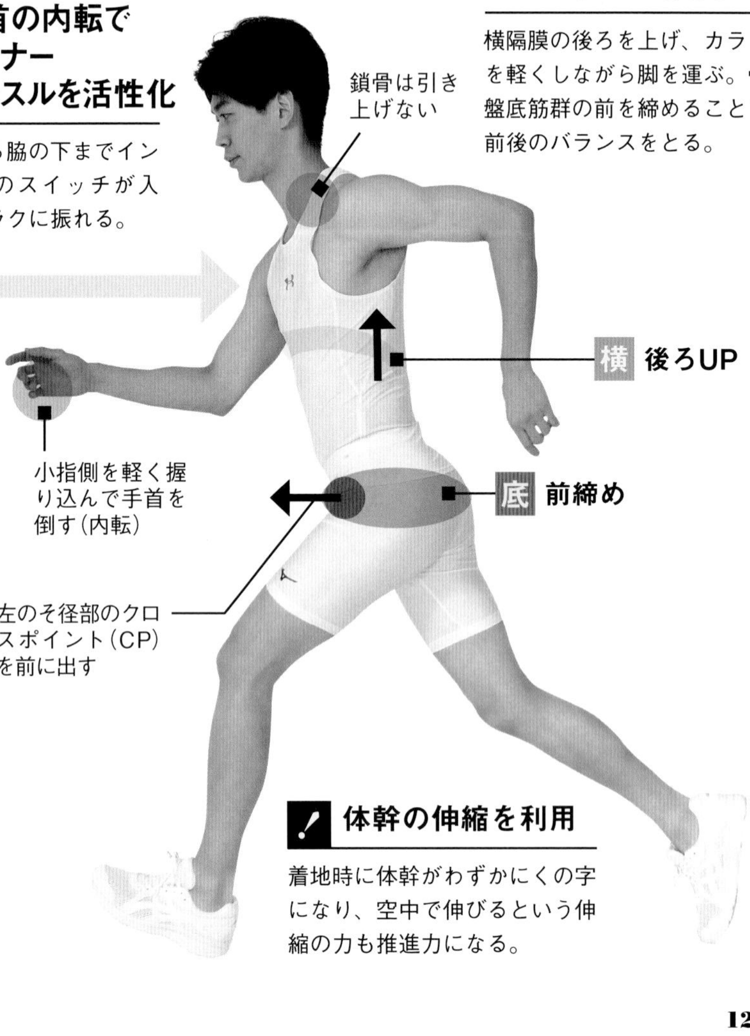
鎖骨は引き上げない
横 後ろUP
小指側を軽く握り込んで手首を倒す（内転）
底 前締め
左のそ径部のクロスポイント（CP）を前に出す

体幹の伸縮を利用

着地時に体幹がわずかにくの字になり、空中で伸びるという伸縮の力も推進力になる。

求められる動作の特徴

◎長時間の前進運動　◎安定した反復動作
◎脚に負担のかからないフォーム
◎エネルギーを効率的に消費する動き

ひじを前に出す

腕を振るというより、ひじを前に出す感覚で動かすと体幹が連動しやすい。

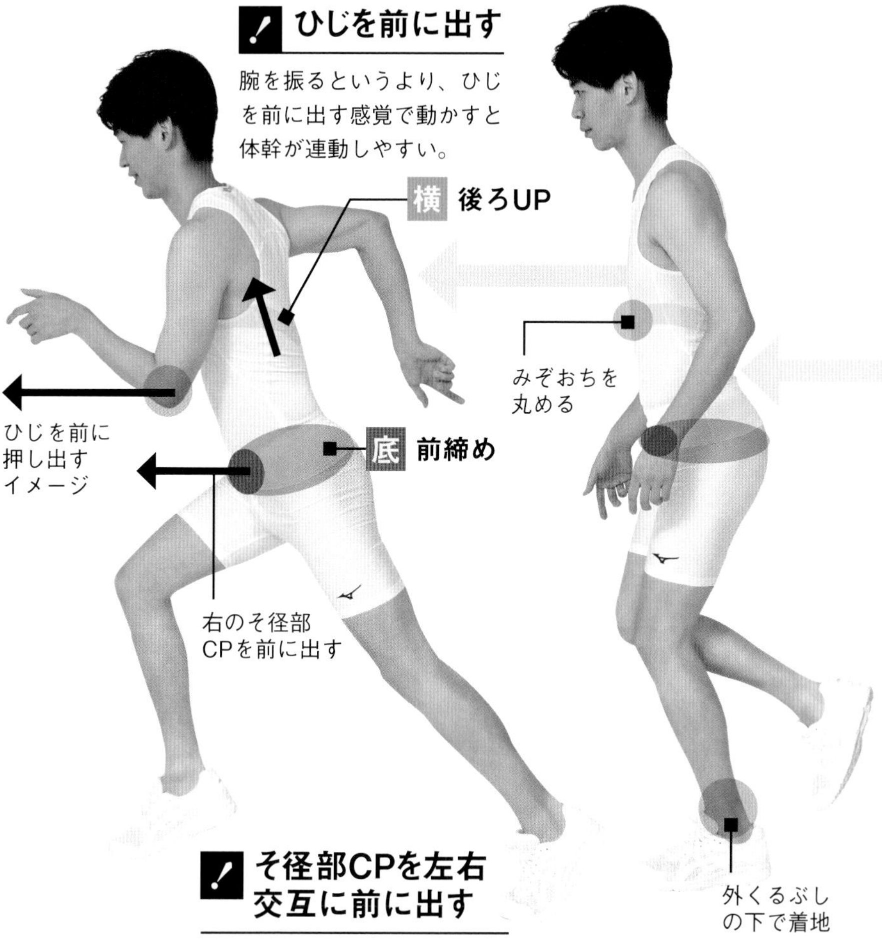

横 後ろUP
ひじを前に押し出すイメージ
底 前締め
右のそ径部CPを前に出す
みぞおちを丸める
外くるぶしの下で着地

そ径部CPを左右交互に前に出す

脚の意識は、股関節（そ径部のクロスポイント）を前に出すだけ。あとは自然に連動する。

陸上

短距離ダッシュ

瞬発的にすべての運動エネルギーを前方に向けて放出する短距離走。推進力を生み出すのは、体幹の伸縮にアリ！

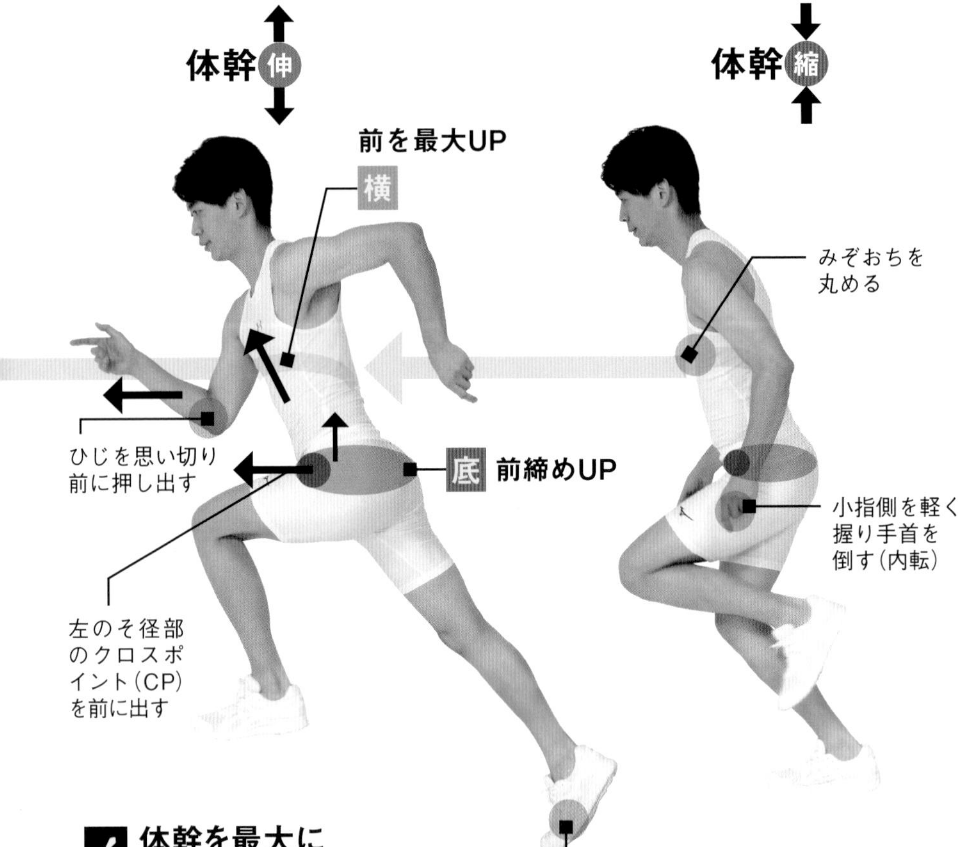
地面を蹴る意識はいらない

体幹を最大に引き上げて脚を高速でまわす

横隔膜も骨盤底筋群も前を引き上げてカラダを軽くし、そのまま全力で脚を回転させる。

求められる動作の特徴

◎前傾が長距離ランより深くなる
◎大きなストライド をキープ
◎高速で脚を回転させる

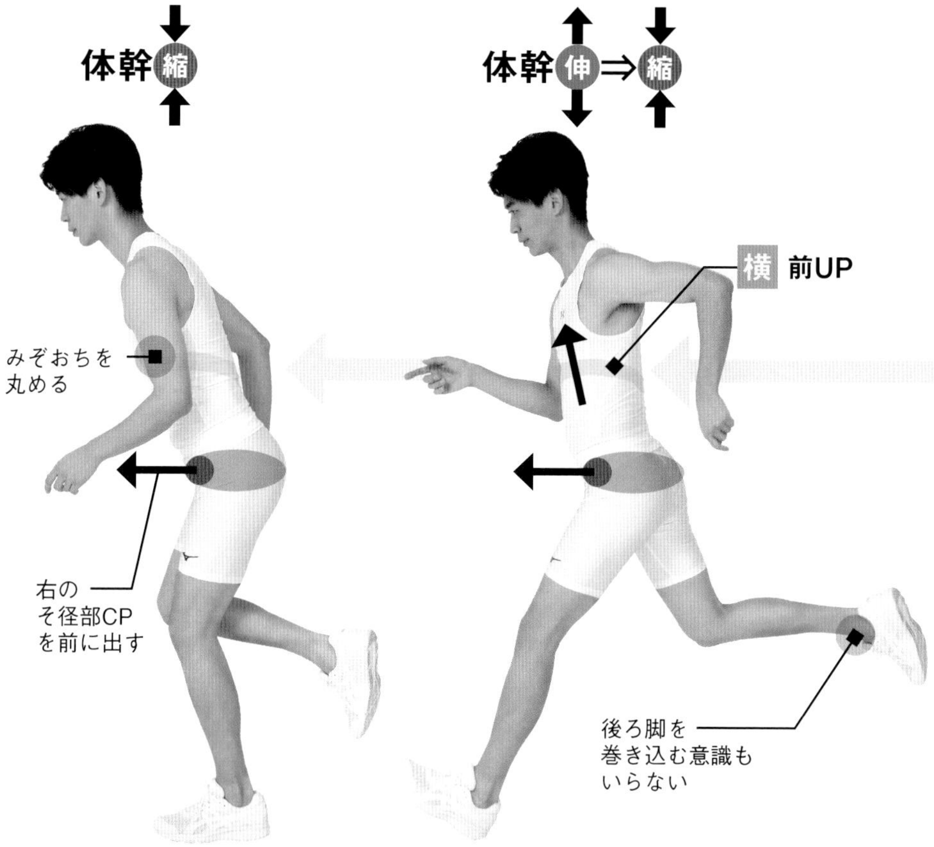

体幹縮
みぞおちを
丸める
右の
そ径部CP
を前に出す
体幹伸⇒縮
横 前UP
後ろ脚を
巻き込む意識も
いらない

前への意識を最大に

横隔膜も骨盤底筋群も前、股関節やひじも前に送り出し、全エネルギーを前方に向ける。

体幹の伸縮を利用

着地で体幹を縮め、空中で伸ばすという伸縮の力を利用し、前に向けてグングン進んでいく。

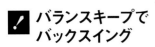

ゴルフ

スイング

常にブレない安定したスイングが求められるゴルフ。正確なストロークを維持するには、体幹との連動がカギを握る！

バランスキープでバックスイング

前後と上下のバランスをキープしたままバックスイング。

前後と上下のバランスをとる

横隔膜は後ろ UP、骨盤底筋群は前締め DOWN でバランスをとる。

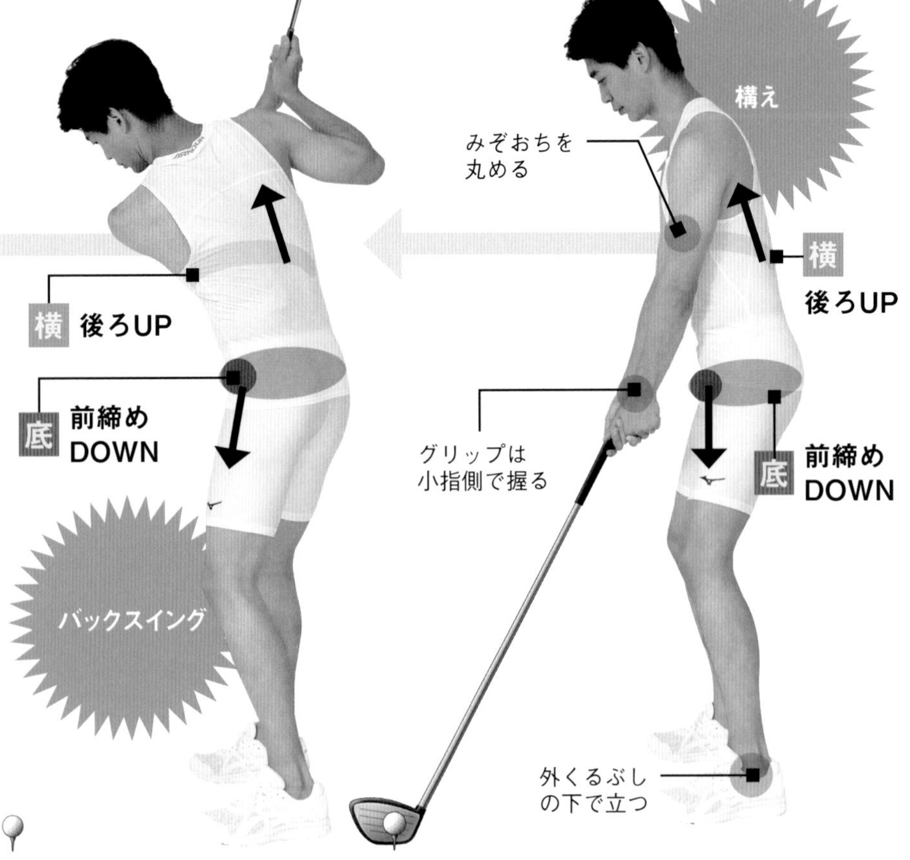
バックスイング
横 後ろUP
底 前締め DOWN
構え
みぞおちを丸める
横 後ろUP
グリップは小指側で握る
底 前締め DOWN
外くるぶしの下で立つ

● 構え

求められる動作の特徴

◎スイング時にブレない下半身の安定感
◎体幹と腕を連動させた速くて軌道が安定したスイング
◎股関節をスムーズに使った軸脚の移動

フォロースルーは上げ上げ

振り抜くときは、横隔膜も骨盤底筋群も前を引き上げる。

インパクトは一気に下げる

クラブを振り下ろす瞬間は、横隔膜の前を一気に引き下げる。

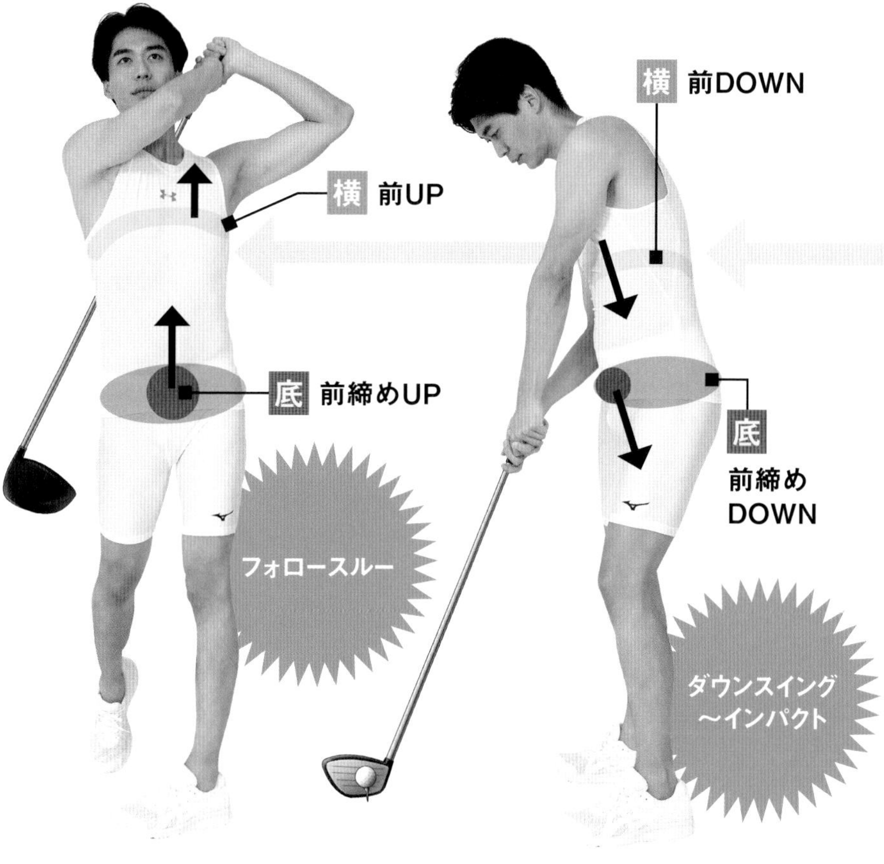

ロードバイク

ライディング

長時間でも疲労しない上体の安定感と、回転が速く、負担の少ないペダリングがパフォーマンスを上げる！

体幹の後ろを引き上げる

上体を軽くして脚をまわすのが基本。体幹（横隔膜）の後ろを引き上げるイメージで姿勢をキープ。

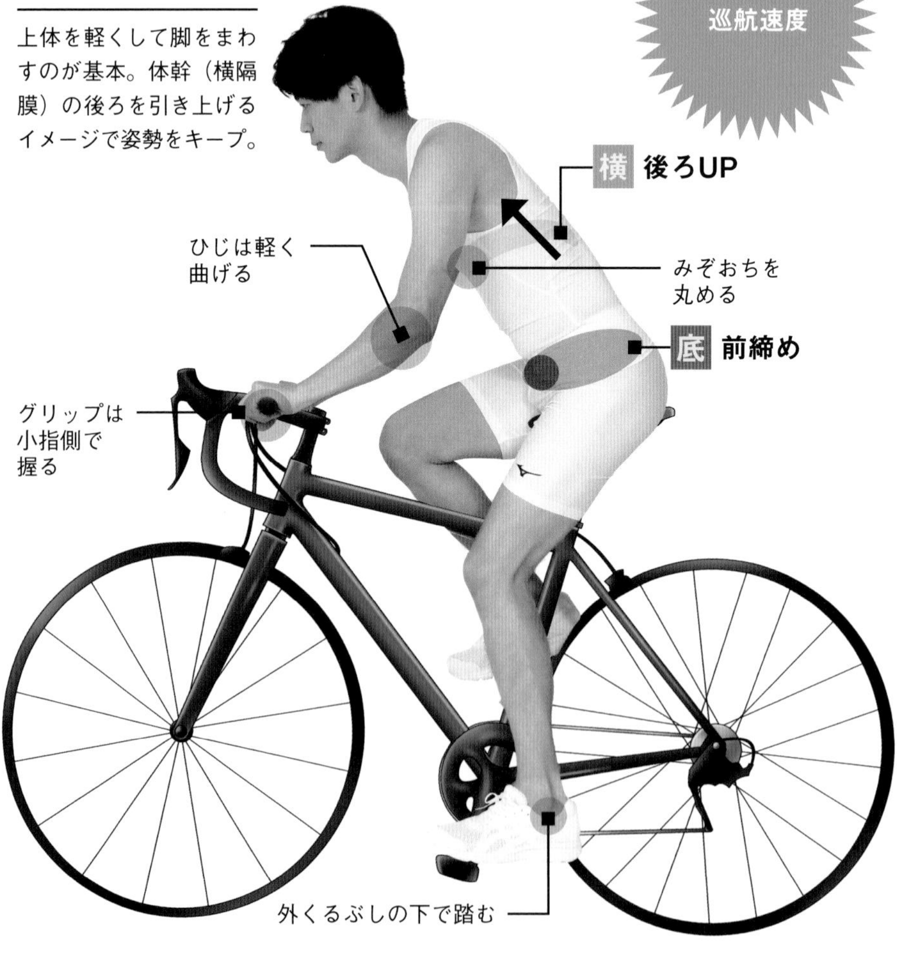
巡航速度
横 後ろUP
ひじは軽く曲げる
みぞおちを丸める
底 前締め
グリップは小指側で握る
外くるぶしの下で踏む

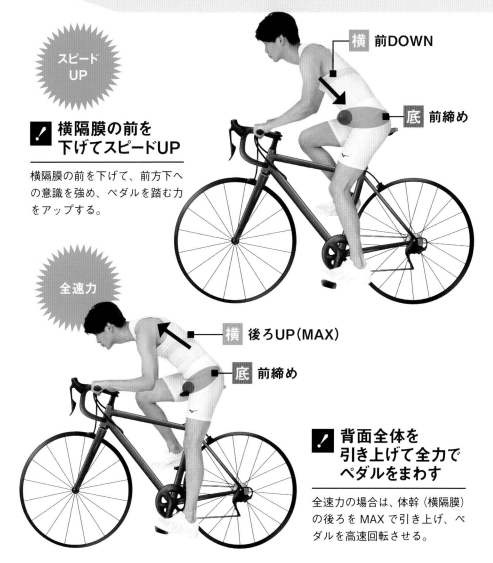

求められる動作の特徴

◎足首を安定させ、股関節と体幹を連動させたペダリング
◎ペダルを漕ぐための股関節のスムーズな回転
◎手首を安定させ、手〜体幹まで連動させたハンドリング
◎高速と低速の回転の切り替え

スピードUP

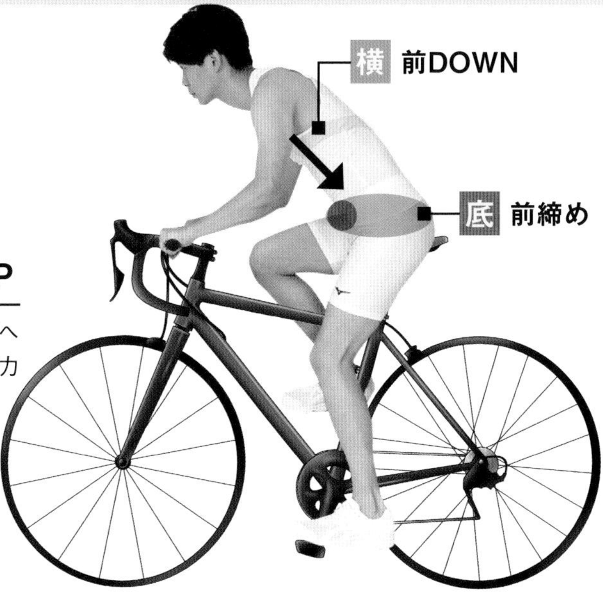
横 前DOWN
底 前締め

横隔膜の前を下げてスピードUP

横隔膜の前を下げて、前方下への意識を強め、ペダルを踏む力をアップする。

全速力

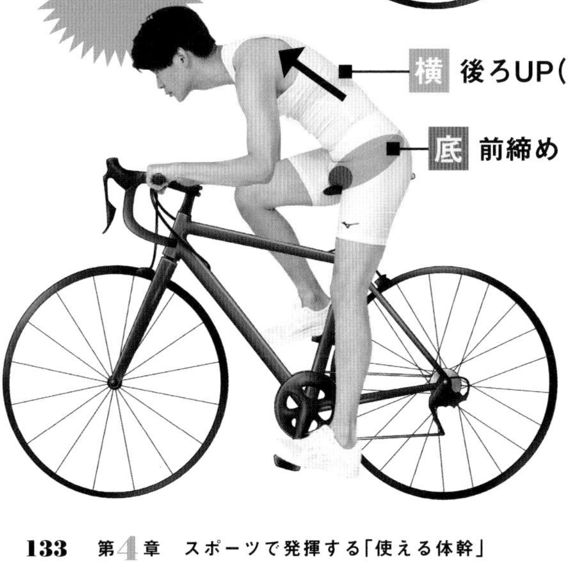
横 後ろUP(MAX)
底 前締め

背面全体を引き上げて全力でペダルをまわす

全速力の場合は、体幹（横隔膜）の後ろをMAXで引き上げ、ペダルを高速回転させる。

サッカー

速いドリブル

不意な状況変化に対応できるボディバランスと、軽くて速いスムーズなボール運びがライバルに差をつける！

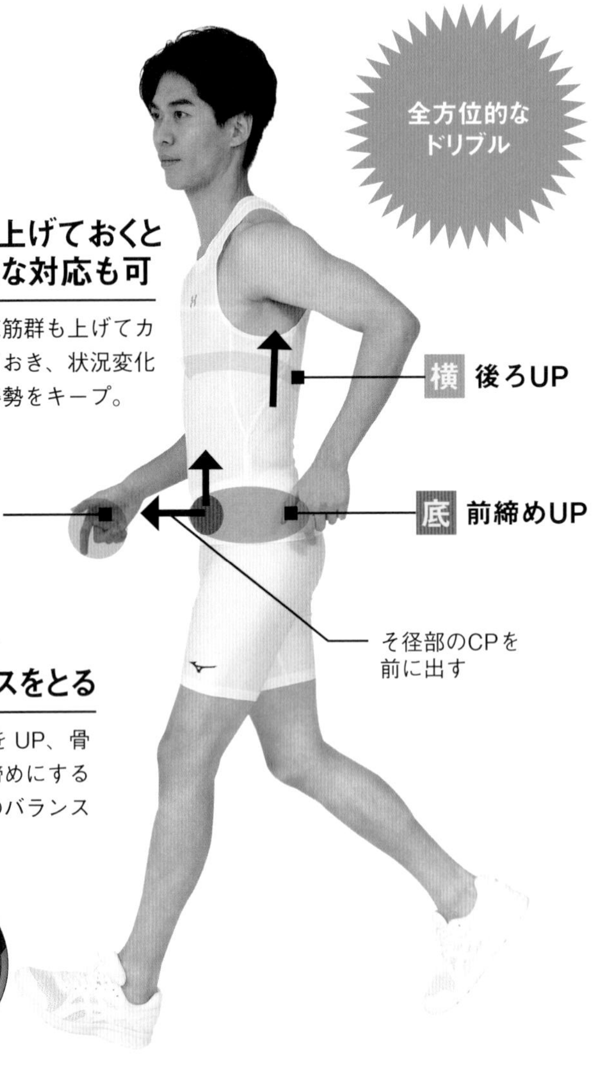
小指側を軽く握って手首を倒す（内転）

体幹を上げておくと瞬間的な対応も可

横隔膜も骨盤底筋群も上げてカラダを軽くしておき、状況変化に対応できる姿勢をキープ。

前後でバランスをとる

横隔膜は後ろをUP、骨盤底筋群は前締めにすることで、前後のバランスをとる。

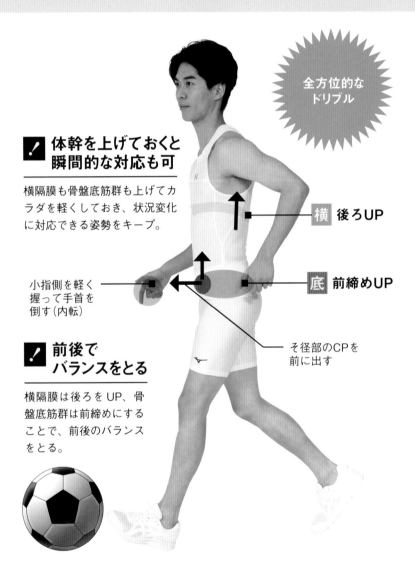

求められる動作の特徴

◎軽くて速い動き　◎体幹を連動させた腕振り
◎股関節のスムーズさと安定感を両立させた走行とボール運び
◎ボディコンタクトに耐えられる体幹のコントロール

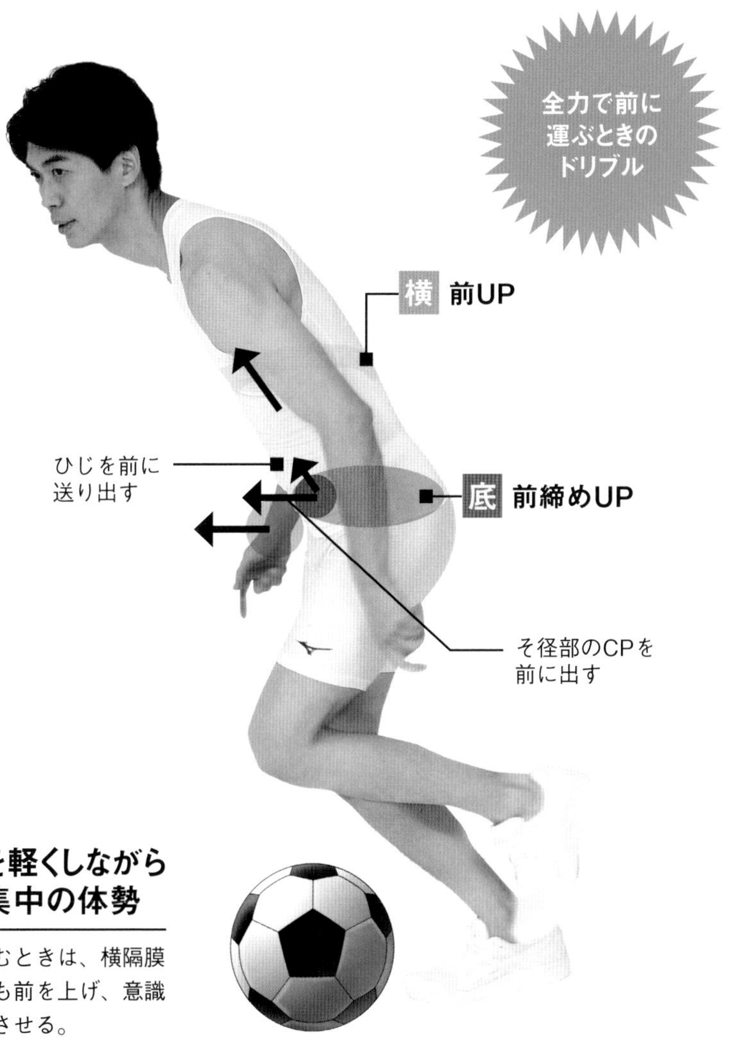
全力で前に運ぶときのドリブル
横 前UP
ひじを前に送り出す
底 前締めUP
そ径部のCPを前に出す

足元を軽くしながら前方集中の体勢

全力で前に進むときは、横隔膜も骨盤底筋群も前を上げ、意識を前方に集中させる。

サッカー

フェイント

相手に読まれない意外な動きを実現するには、体幹を駆使した柔軟な股関節のコントロールがカギを握る！

どんなフェイントも基本は上げ上げ

カラダを自在に動かしたいときは、横隔膜・骨盤底筋群を上げて軽くしておく。

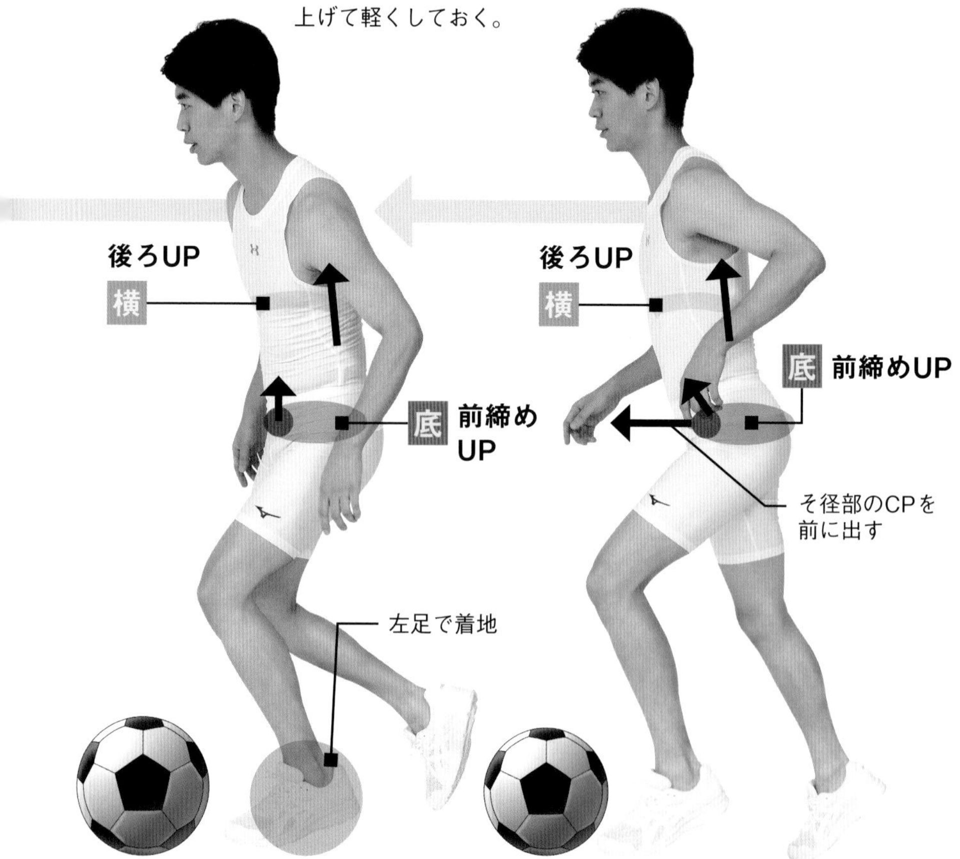
後ろUP
横
底
前締めUP
左足で着地
後ろUP
横
底
前締めUP
そ径部のCPを前に出す

求められる動作の特徴

◎体重移動をせずに股関節を使ったフェイント動作
◎動きが読まれない体幹のしなやかさ
◎股関節の動きと体幹の動きを連動させる

胸の上下も利用

相手を出し抜くためには、横隔膜と胸鎖関節を上げ下げするだけでも効果的。

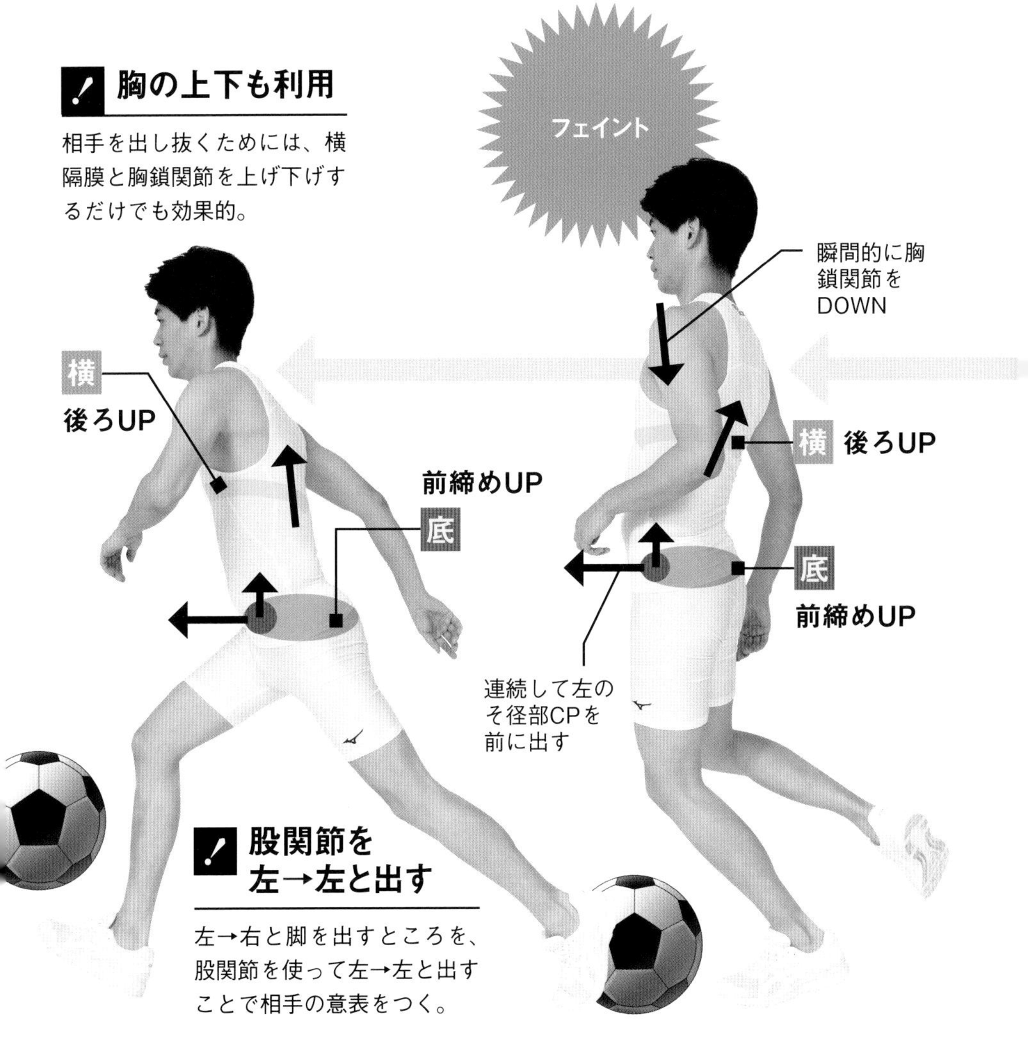

フェイント
横
後ろUP
前締めUP
底
瞬間的に胸
鎖関節を
DOWN
横
後ろUP
底
前締めUP
連続して左の
そ径部CPを
前に出す

股関節を左→左と出す

左→右と脚を出すところを、股関節を使って左→左と出すことで相手の意表をつく。

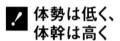

テニス

フットワーク

相手のボールに対して瞬時に反応し、左右前後にカラダを移動させるテニス。全方向にダッシュできる姿勢が基本！

体勢は低く、体幹は高く

構えは相手のボールに瞬時に反応してスタートダッシュできるよう低く構えるが、横隔膜と骨盤底筋群は引き上げて体幹を軽くしておく。

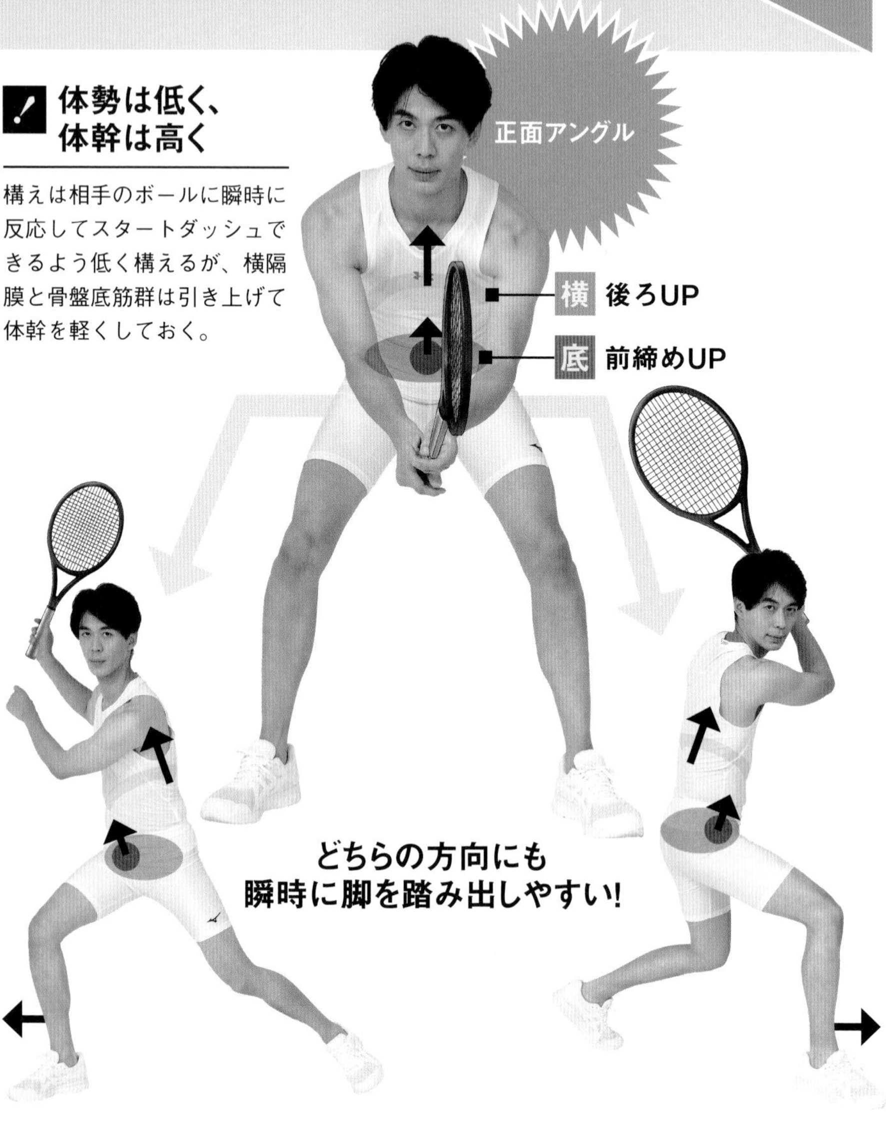
正面アングル
横 後ろUP
底 前締めUP
どちらの方向にも
瞬時に脚を踏み出しやすい!

求められる動作の特徴

◎瞬時に反応できる、動きの軽さと速さ
◎瞬時に地面を蹴り、前後左右に動ける股関節のスムーズさ
◎長時間でも疲れないエネルギー効率

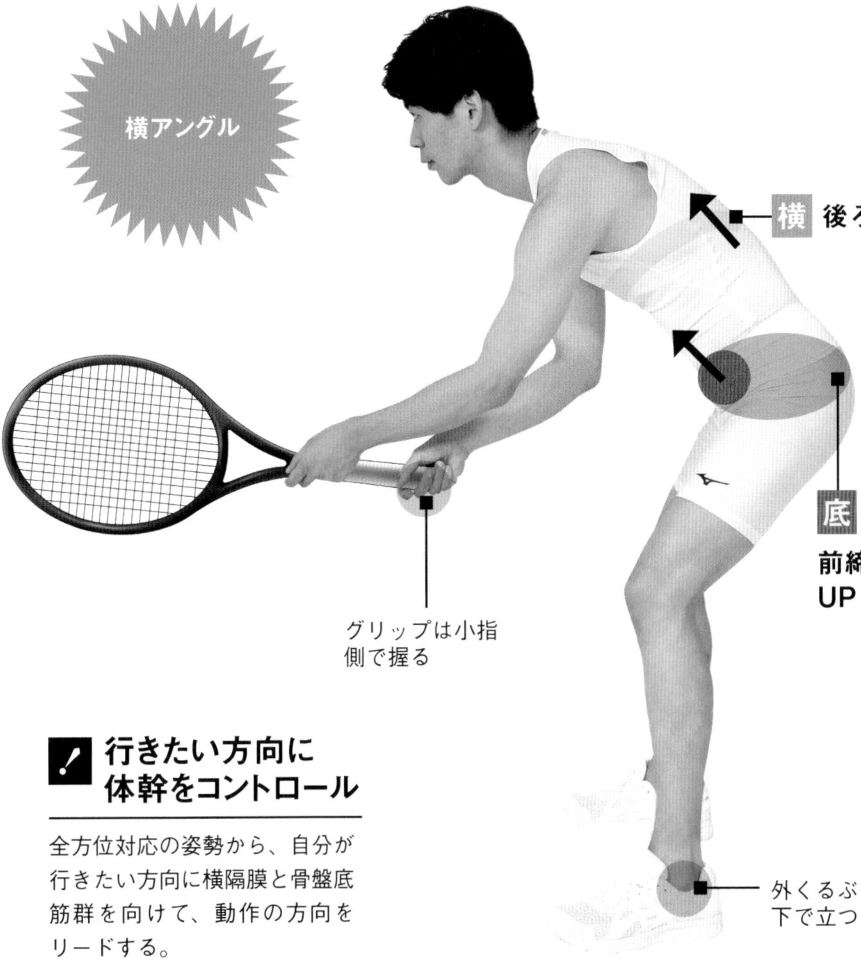

横アングル
横 後ろUP
底 前締め UP
グリップは小指側で握る
外くるぶしの下で立つ

! 行きたい方向に体幹をコントロール

全方位対応の姿勢から、自分が行きたい方向に横隔膜と骨盤底筋群を向けて、動作の方向をリードする。

テニス

スイング

ボールを正確にコントロールしながら、力強いインパクトを実現するには、体幹との連動が欠かせない！

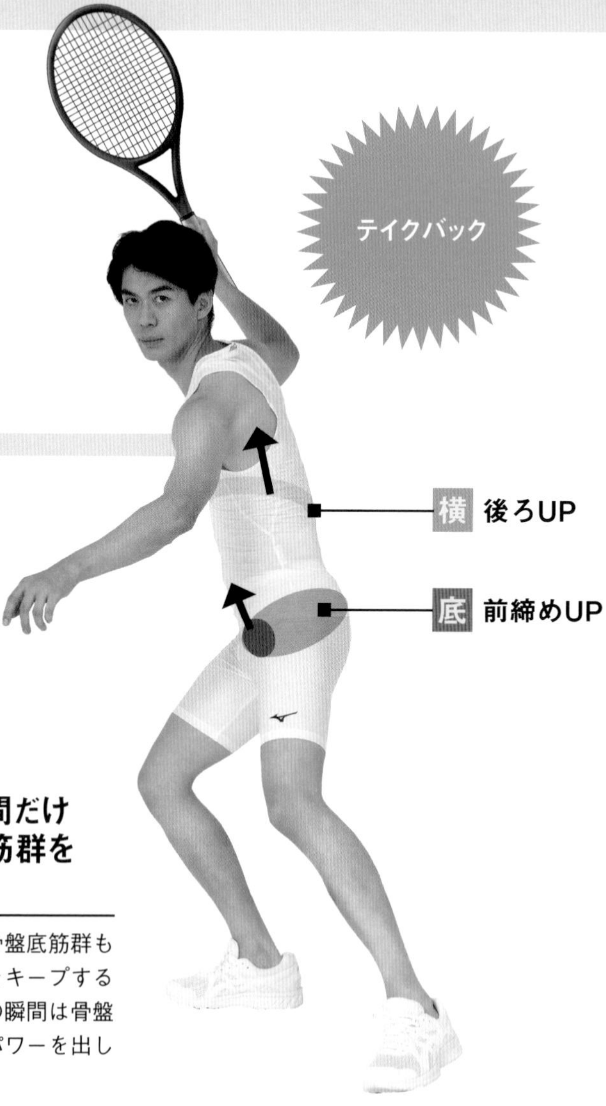

打つ瞬間だけ骨盤底筋群を下げる

基本は横隔膜も骨盤底筋群も上げて軽い姿勢をキープするが、インパクトの瞬間は骨盤底筋群を下げてパワーを出していく。

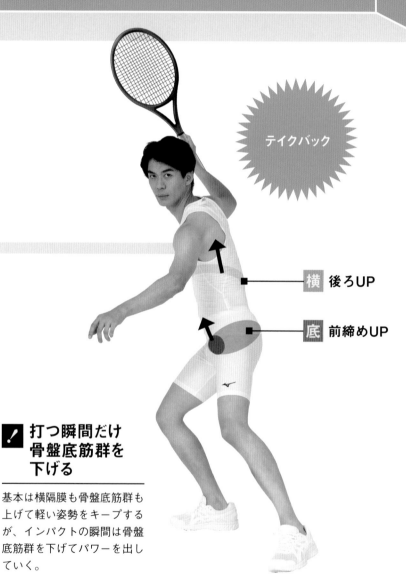

求められる動作の特徴

◎ボールを打つときにブレない股関節の安定感
◎ストロークで腕の振りを体幹に伝える脇の利かせ方
◎ストロークのスピード・パワー・回転のコントロール

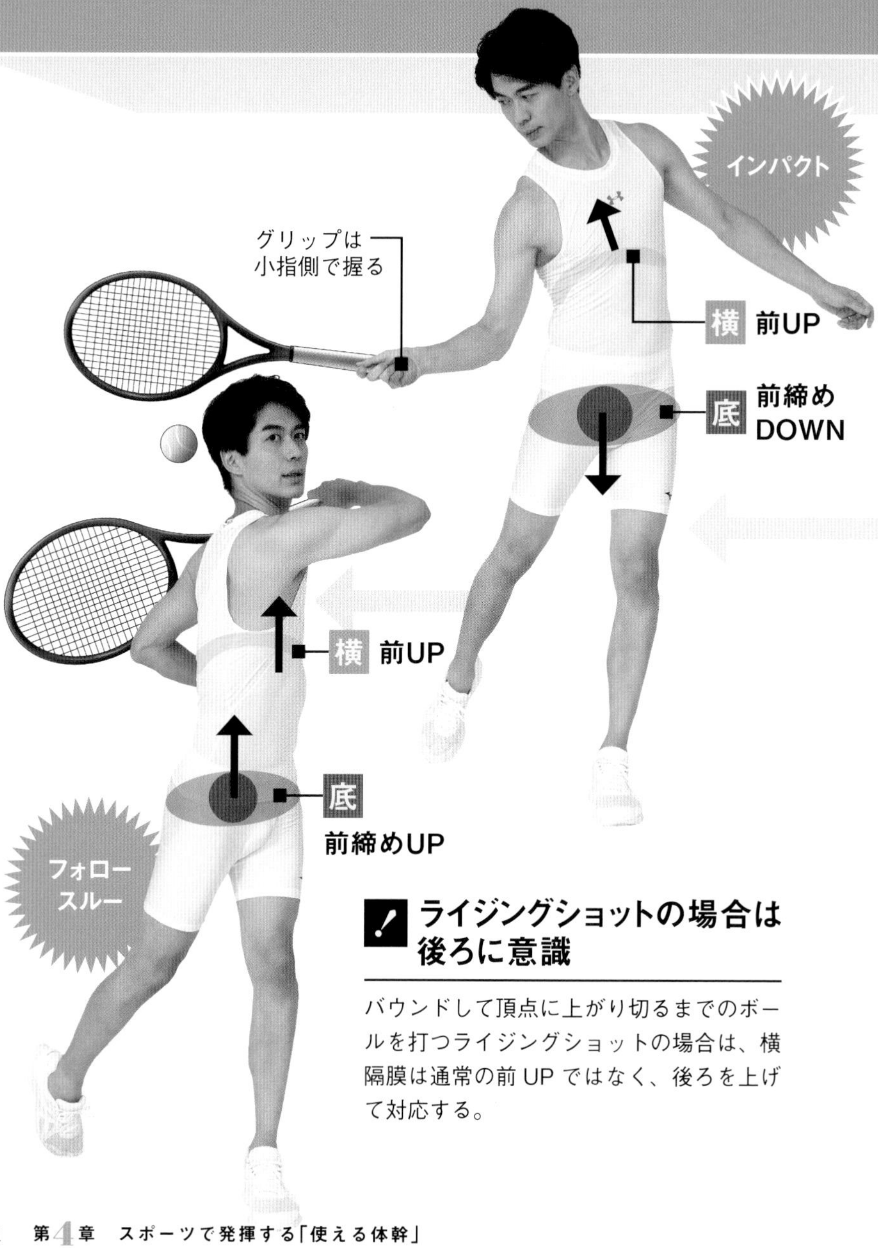
インパクト
グリップは
小指側で握る
横 前UP
底 前締め
DOWN
横 前UP
底
前締めUP
フォロー
スルー

ライジングショットの場合は後ろに意識

バウンドして頂点に上がり切るまでのボールを打つライジングショットの場合は、横隔膜は通常の前UPではなく、後ろを上げて対応する。

野球

スローイング

スピードのあるボールを投げるには、腕の力ではなく、体幹の閉じ開きの力を利用することがポイント！

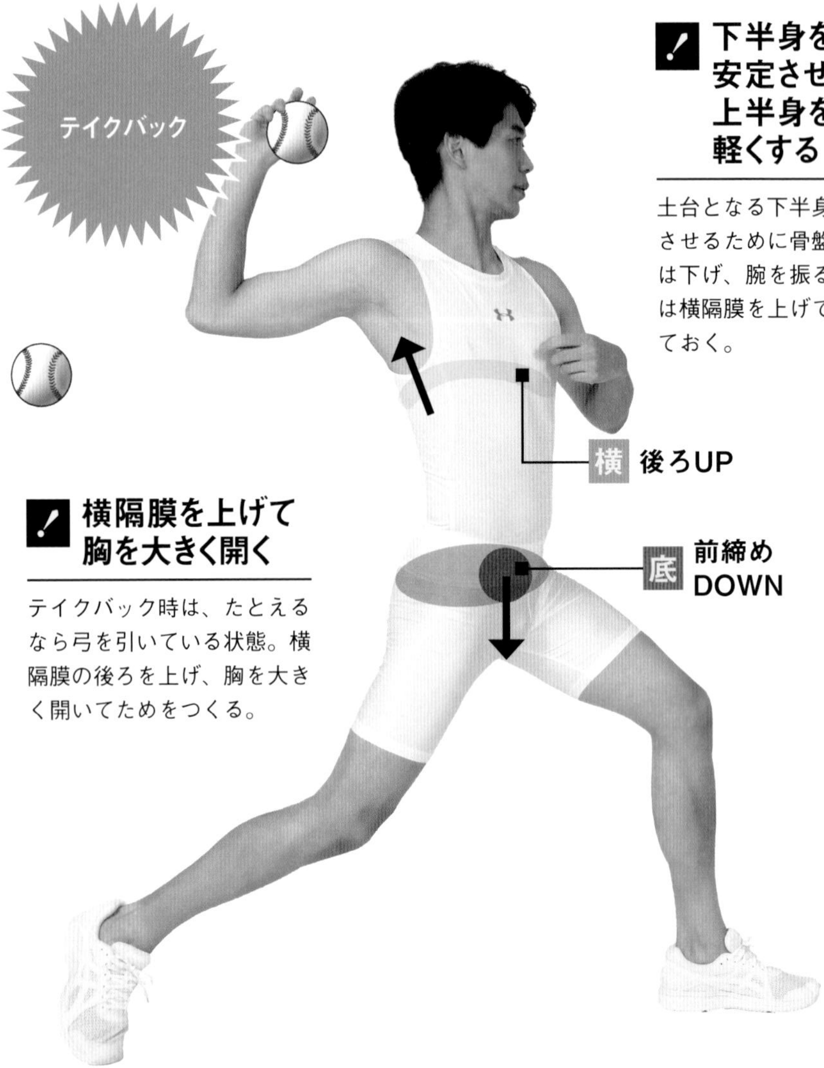

下半身を安定させて上半身を軽くする

土台となる下半身を安定させるために骨盤底筋群は下げ、腕を振る上半身は横隔膜を上げて軽くしておく。

横隔膜を上げて胸を大きく開く

テイクバック時は、たとえるなら弓を引いている状態。横隔膜の後ろを上げ、胸を大きく開いてためをつくる。

求められる動作の特徴

◎テイクバック時にブレない下半身の安定感
◎前脚を踏み込んだときに下半身がブレない安定感と力強さ
◎腕を速く振りながらの安定したコントロール

みぞおちと股関節を閉じる

腕を振り下ろすときは、みぞおちを股関節に近づけて、体幹を閉じるようなイメージで。腕ではなく、体幹で主導するような感覚で動かすとよい。

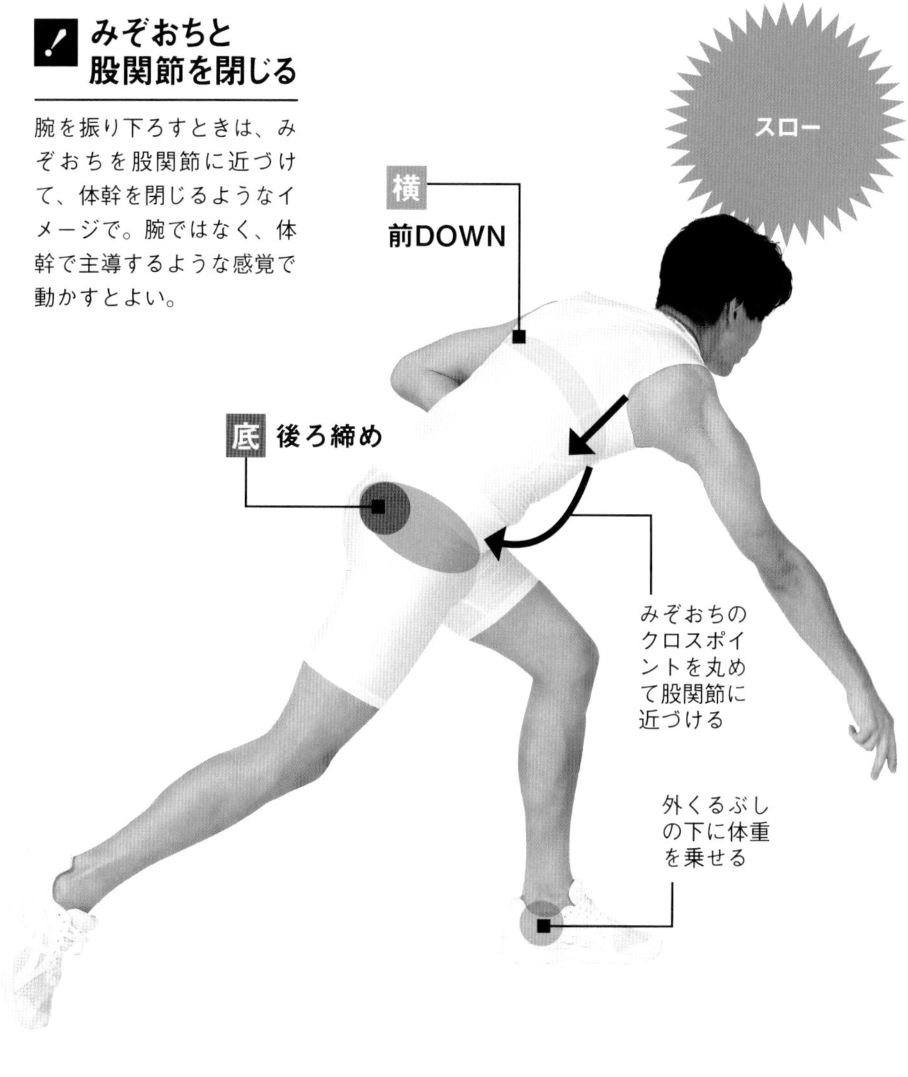

スロー
横
前DOWN
底
後ろ締め
みぞおちのクロスポイントを丸めて股関節に近づける
外くるぶしの下に体重を乗せる

野球

バッティング

力強くて正確なバットコントロールを実現するには、体幹をコントロールしながら四肢とうまく連動させることが重要！

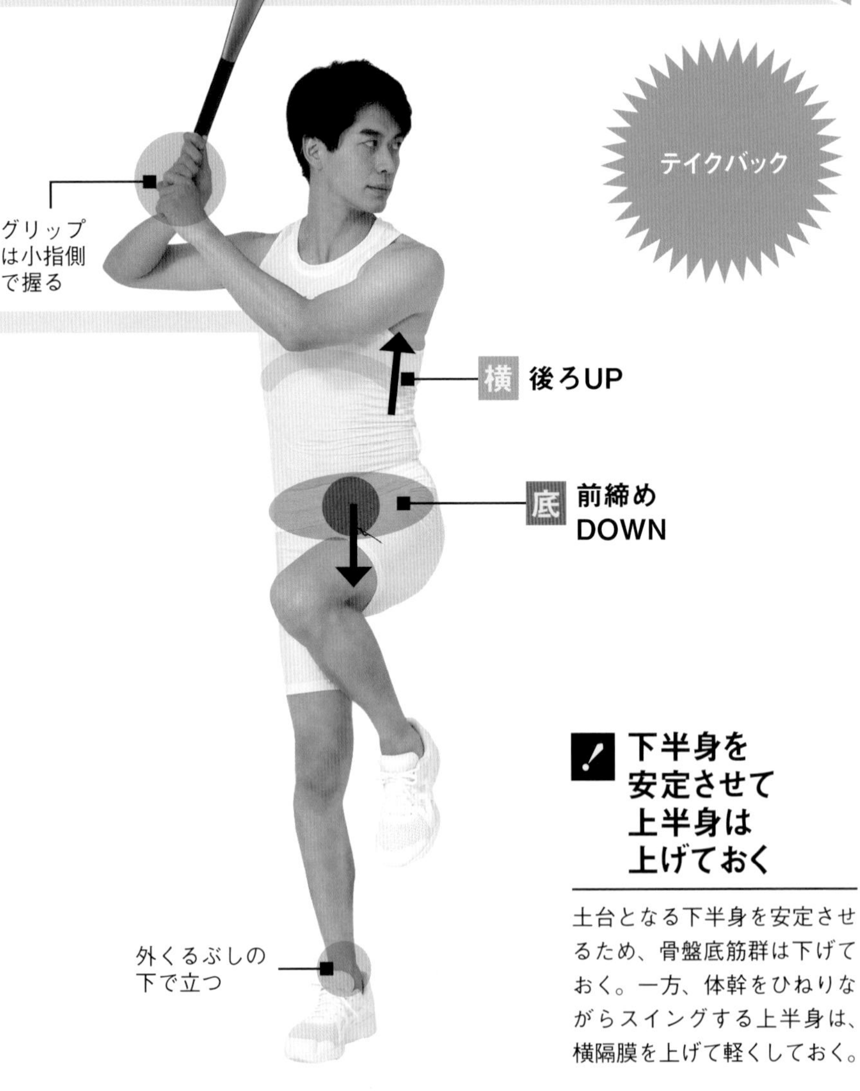
テイクバック
グリップは小指側で握る
横 後ろUP
底 前締め DOWN
外くるぶしの下で立つ

下半身を安定させて上半身は上げておく

土台となる下半身を安定させるため、骨盤底筋群は下げておく。一方、体幹をひねりながらスイングする上半身は、横隔膜を上げて軽くしておく。

求められる動作の特徴

◎ブレない下半身の安定感と力強さ
◎体幹と腕が連動した、速くて軌道が安定したスイング
◎インパクト時の力強さを出す体幹のコントロール

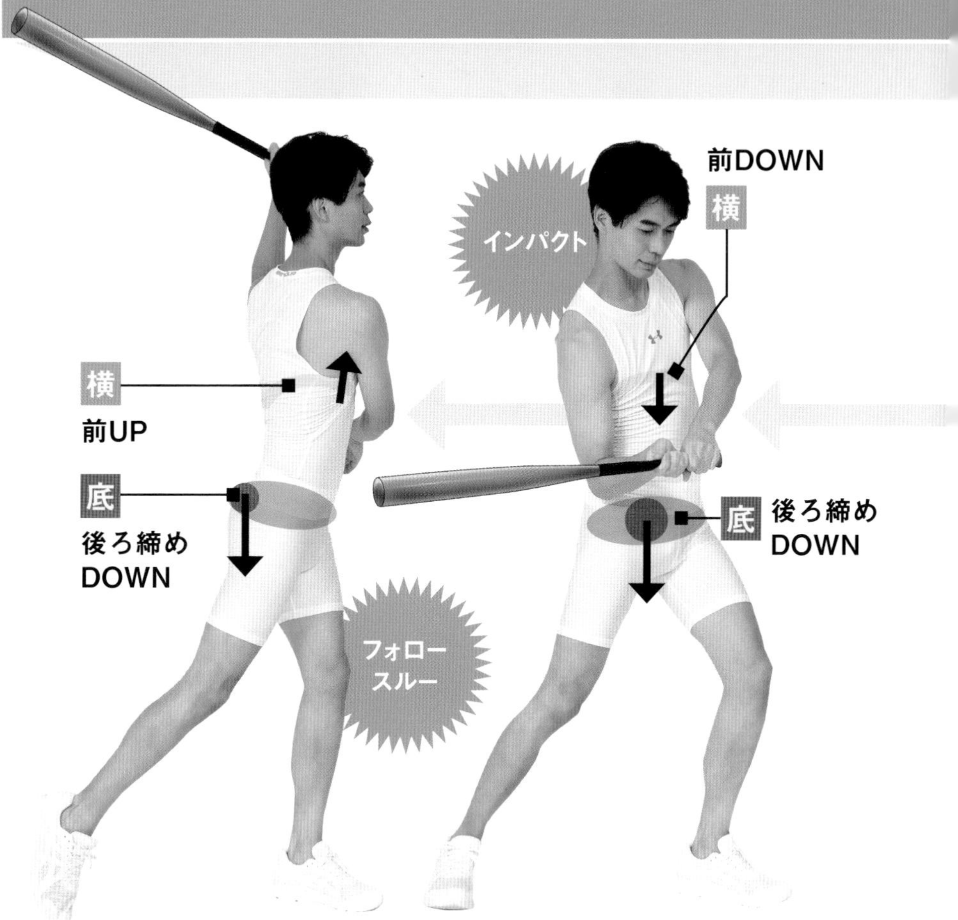
横
前UP
底
後ろ締め
DOWN
フォロー
スルー
インパクト
前DOWN
横
底
後ろ締め
DOWN

再び横隔膜を上げてフォロースルー

バットを振り上げるときは、横隔膜を上げてカラダの方向をリード。軽さを出すことでひねりやすくする。

インパクトの瞬間は横隔膜を下げる

バットを振り下ろす瞬間は、パワーをインパクトに集中させるため、横隔膜の前を下げて体幹に重さを出す。

サーフィン

パドリング

水上で腹ばいになりながら安定したフォームを維持しつつ、腕を素早く動かして効率よく水をかくことがポイント！

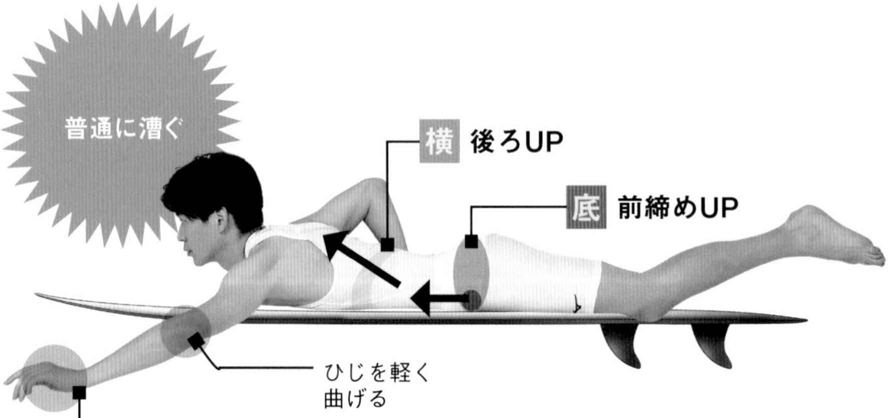
普通に漕ぐ
横 後ろUP
底 前締めUP
ひじを軽く曲げる
手首を外側に曲げる

腕を速くまわすなら体幹の背面を意識

腕の回転数を上げるときは、横隔膜の後ろをMAXで上げて、背面で吊り上げるイメージを持つ。体幹が高く軽い状態で腕を素早くまわす感覚。

体幹を前に上げる

うつ伏せの状態で上体を引き上げる姿勢なので、体幹を前に上げるイメージで横隔膜の後ろを引き上げる。

求められる動作の特徴

◎ボードの上で全身を使った腹ばいのフォームの安定感
◎腕を軽く回せるストローク､水を効率よくかける腕のフォーム
◎回転数とパワーを使い分けたストローク

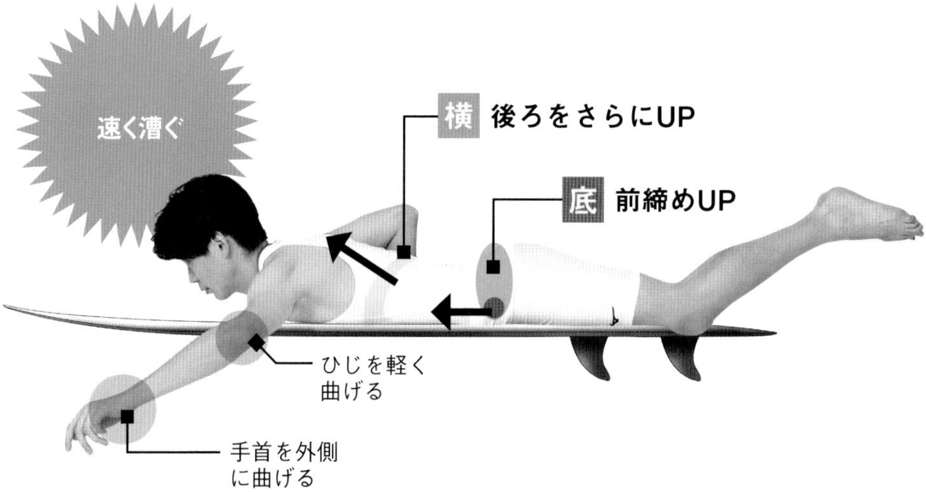

速く漕ぐ
横 後ろをさらにUP
底 前締めUP
ひじを軽く曲げる
手首を外側に曲げる

手首とひじの曲がりがインナーマッスルを活性化

手首を軽く小指側に曲げ（内転）、ひじの角度を90度よりやや浅めにしておくと、腕の裏側のインナーマッスルが活性化し、体幹と連動することで腕の動きがスムーズに。

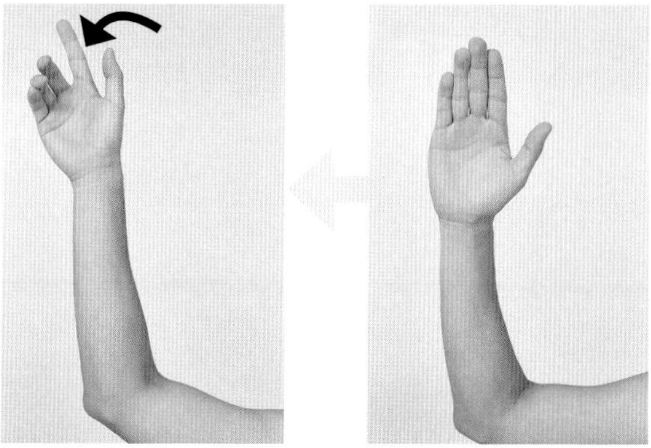

バレーボール

スパイク

不安定な空中でバランスを維持しながら、力強くボールを打つには、体幹の折りたたみの力を利用する！

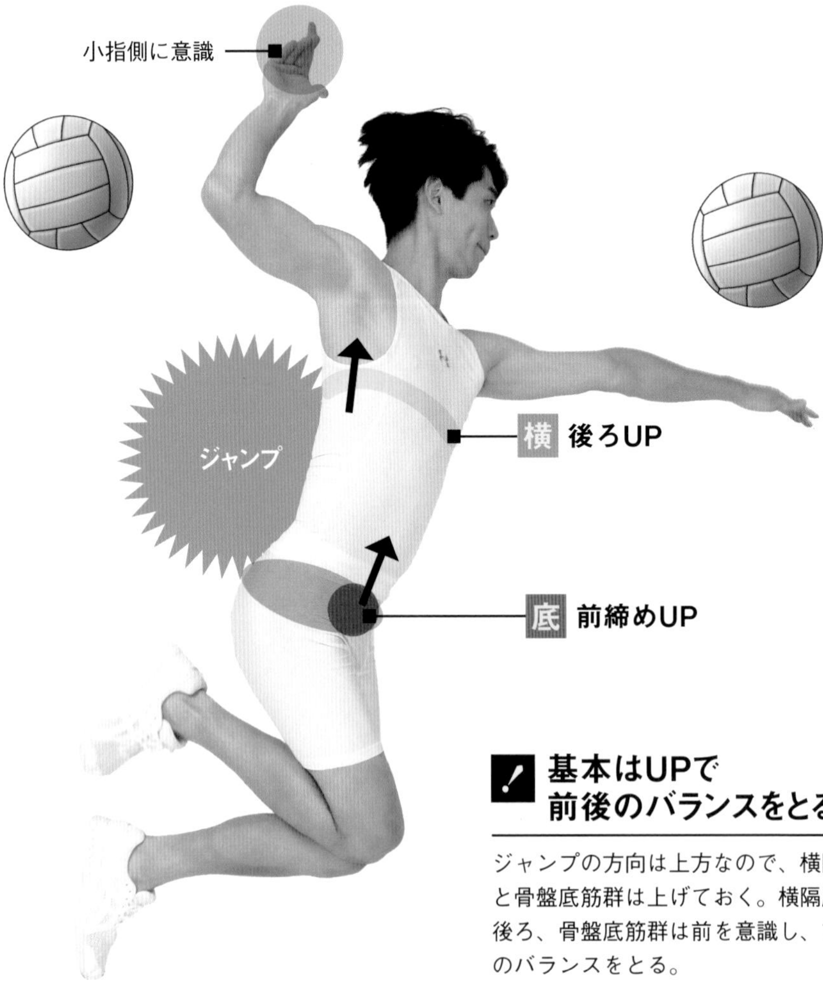
小指側に意識
ジャンプ
横 後ろUP
底 前締めUP

基本はUPで前後のバランスをとる

ジャンプの方向は上方なので、横隔膜と骨盤底筋群は上げておく。横隔膜は後ろ、骨盤底筋群は前を意識し、前後のバランスをとる。

求められる動作の特徴

◎高くジャンプしながらの姿勢維持
◎ジャンプした状態で素早く腕をスイング
◎体幹を連動させた力強い腕の振り

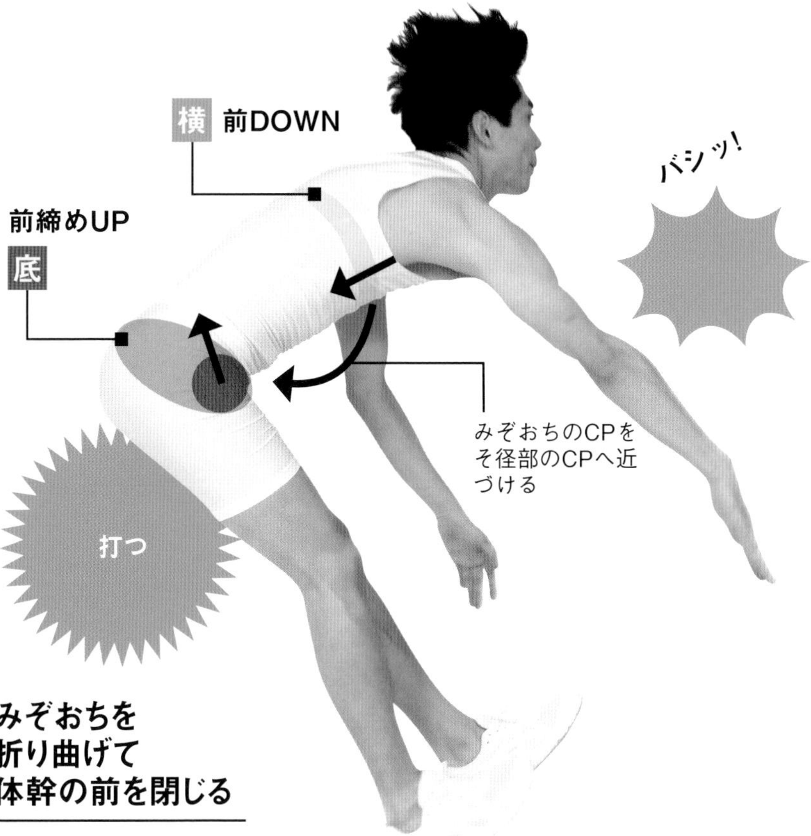

横 前DOWN
前締めUP
底
バシッ!
みぞおちのCPを
そ径部のCPへ近
づける
打つ

みぞおちを折り曲げて体幹の前を閉じる

腕を振り下ろすときは、みぞおちを股関節に近づけるように折り曲げ、体幹の閉じる力で主導する。

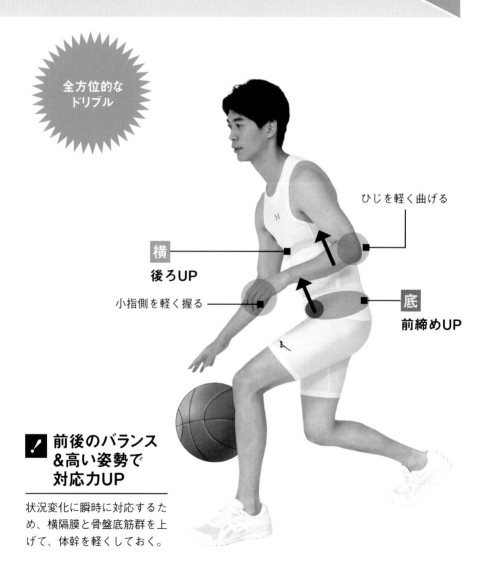

バスケットボール

ドリブル

周囲の状況に瞬時に反応し、ボールとカラダを正確にコントロールしながら、速度変化も自在に調整できることが重要！

全方位的なドリブル

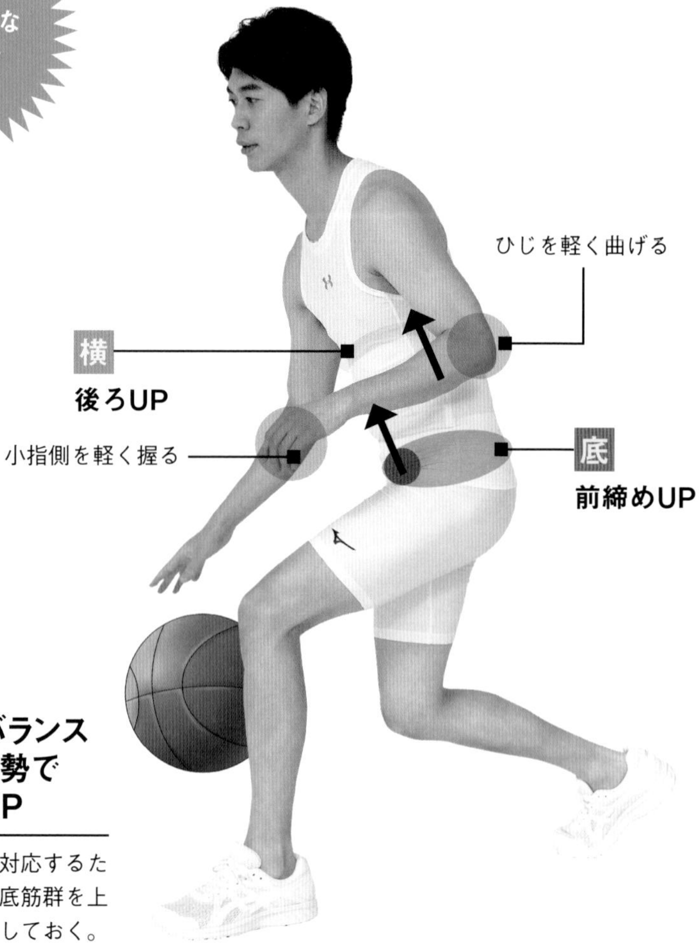
ひじを軽く曲げる
横
後ろUP
小指側を軽く握る
底
前締めUP

前後のバランス&高い姿勢で対応力UP

状況変化に瞬時に対応するため、横隔膜と骨盤底筋群を上げて、体幹を軽くしておく。

求められる動作の特徴

◎ボールをコントロールしながら周囲を見る
◎ボールをコントロールしながら速度変化
◎状況の変化に瞬時に対応できる姿勢維持

トップスピードのドリブル

トップスピード時は横隔膜を前にスイッチ

全力で前方向に進めるため、横隔膜の方向を前にスイッチ。体幹を高めに設定して脚を回転させる。

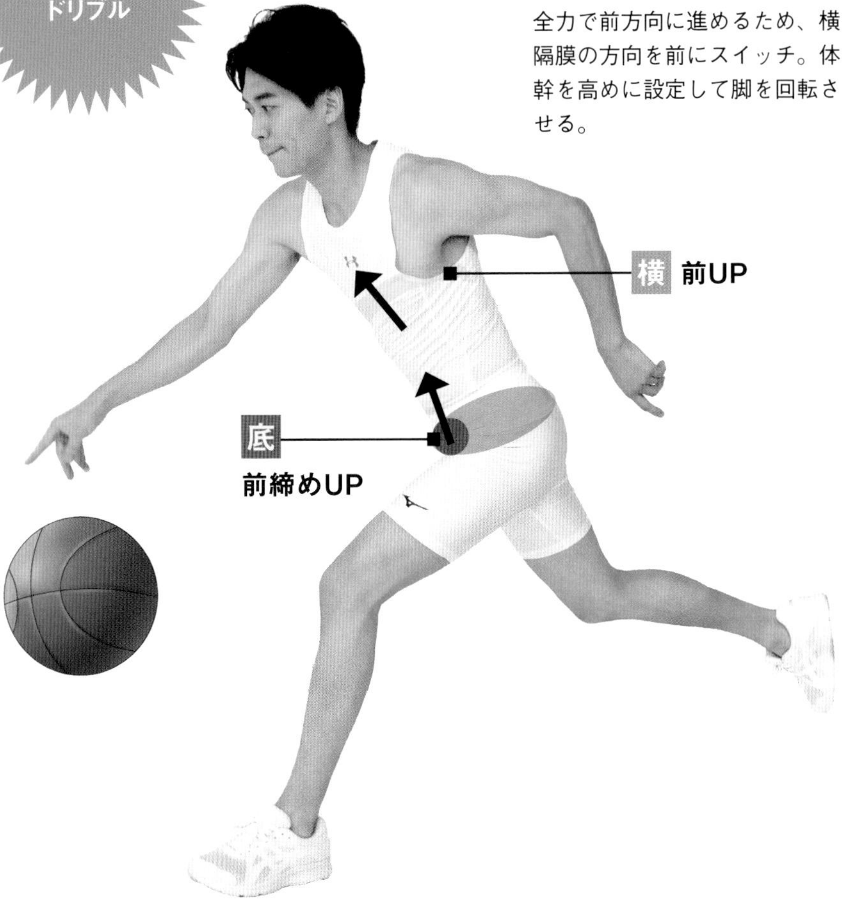

柔道

組手

相手との接触が前提となる柔道。相手のプレッシャーに負けない安定感と、体幹の柔軟な対応力が勝敗を分ける！

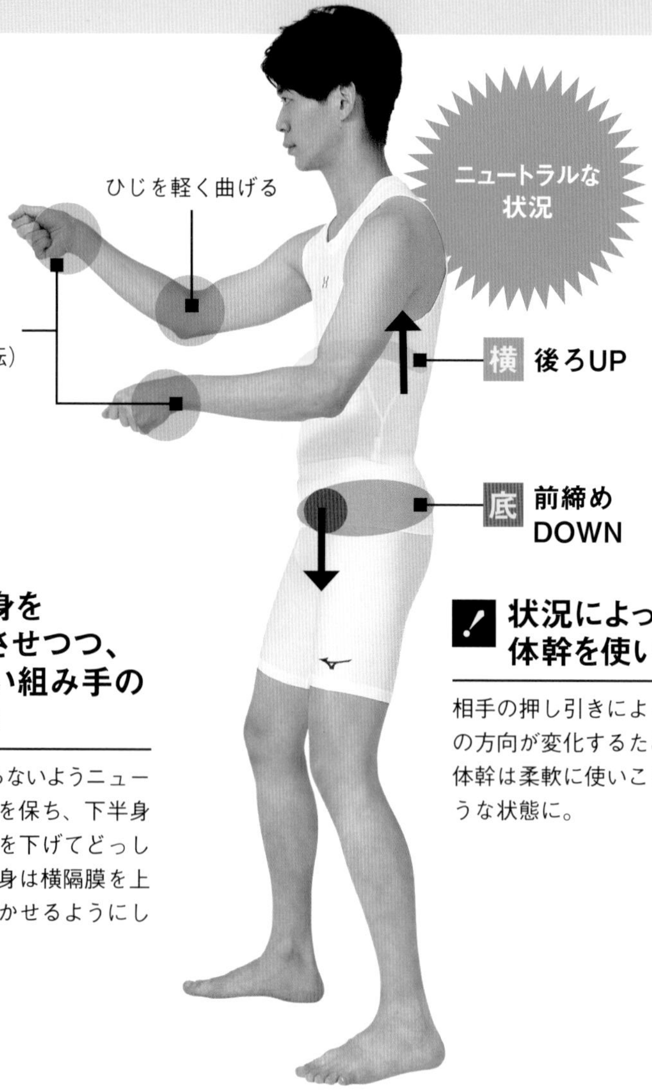
小指側を強く握り、手首をやや倒す（内転）

下半身を安定させつつ、素早い組み手のさばき

バランスが偏らないようニュートラルな姿勢を保ち、下半身は骨盤底筋群を下げてどっしり安定。上半身は横隔膜を上げて柔軟に動かせるようにしておく。

状況によって体幹を使いこなす

相手の押し引きによって動作の方向が変化するため、常に体幹は柔軟に使いこなせるような状態に。

求められる動作の特徴

◎ボディコンタクトに負けない安定感
◎相手の押し引きに対応できるバランス
◎組み負けしない、体幹と連動した四肢のコントロール

不利な状況も体幹で対応

前方向に引っ張られるときは、横隔膜の後ろで対応し、骨盤底筋群は前を締めてバランスをとる。後ろに押されるときは、横隔膜の前を締めて止めをつくり、骨盤底筋群の後ろで支える。不利な状況でも体幹主導でカラダを使えるように意識しよう。

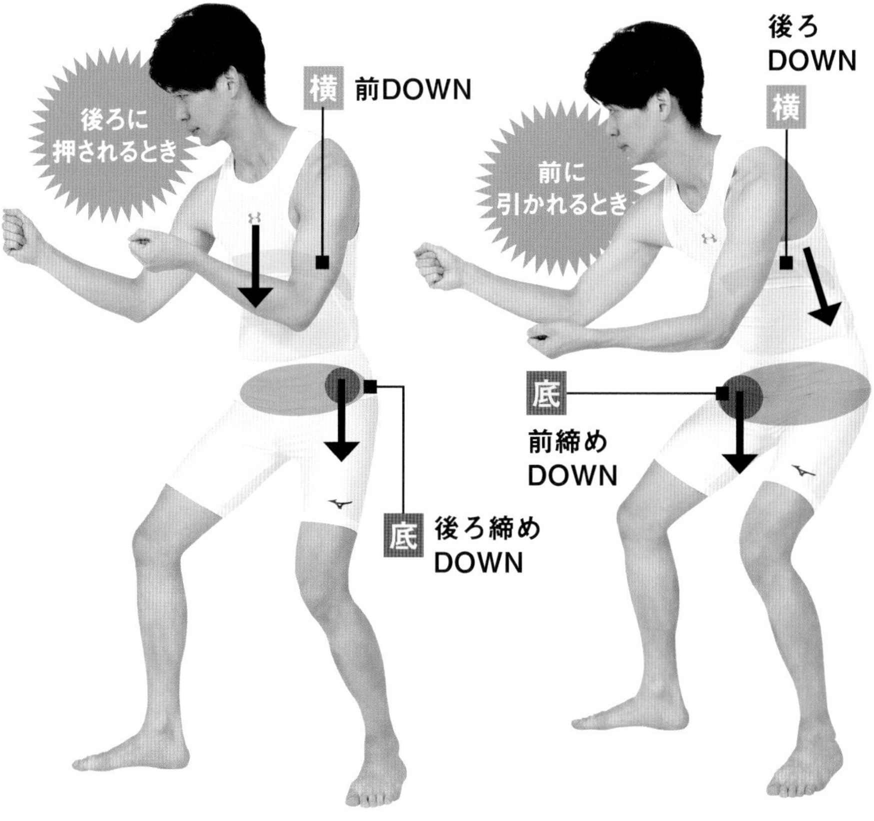
後ろに
押されるとき
横
前DOWN
底
後ろ締め
DOWN
前に
引かれるとき
後ろ
DOWN
横
底
前締め
DOWN

水泳

クロール

水の抵抗力の少ない姿勢をキープしながら、体幹と連動した力強く素早い腕のストロークがスピードUPにつながる！

横隔膜を後ろに引き上げる

うつ伏せで姿勢をキープしながら腕を動かすため、横隔膜の後ろを上げて軽くしておく。

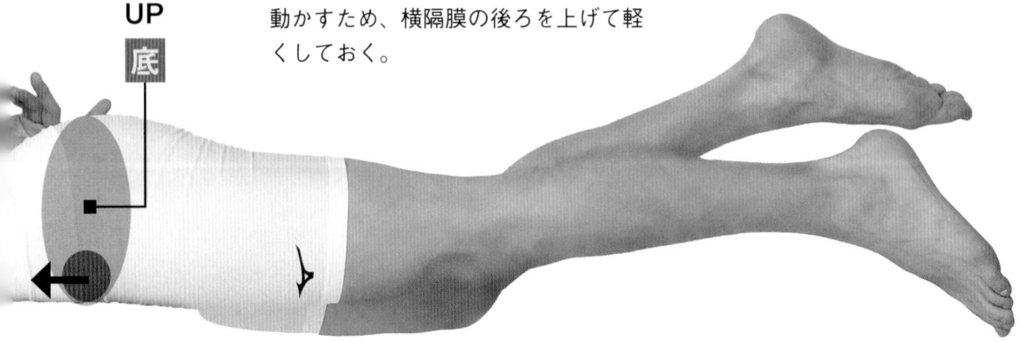

ひじと小指側の意識でインナーマッスルを活性化

水をかくときに意識するのは、小指側。小指側に意識を向けながら腕の動きをリードすると、腕から体幹のインナーマッスルの連動が活性化。また、手首を少し小指側に曲げることで、ひじが開きすぎない形になるので、脇の力が抜けずにストロークを発揮できる。

骨盤底筋群の前締めUPでバタ足

横隔膜とのバランスで、骨盤底筋群は前を締める。また、バタ足は股関節の動きで主導するため、前を締めて上げておくことで脚の回転がスムーズに。

求められる動作の特徴

◎水中での姿勢維持
◎体幹と連動した四肢のコントロール
◎力強い腕のストローク

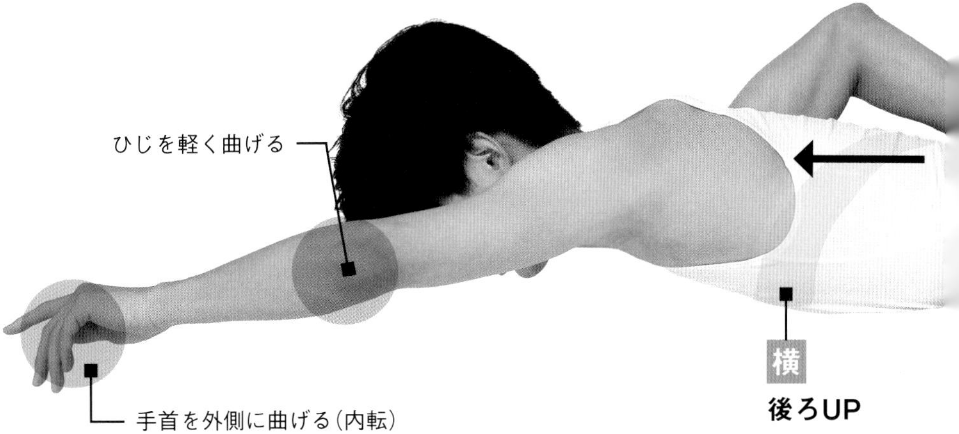

ひじを軽く曲げる
手首を外側に曲げる（内転）
横
後ろUP

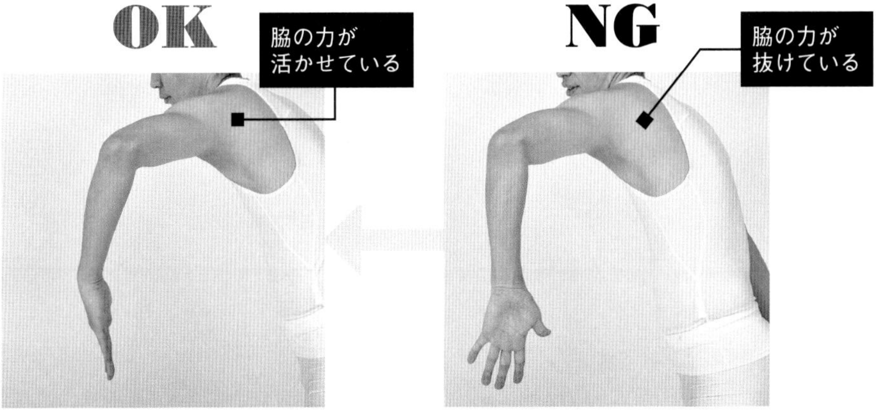

OK
脇の力が
活かせている
NG
脇の力が
抜けている

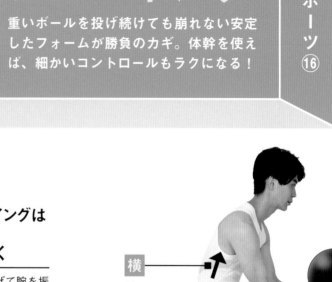

ボウリング

スローイング

重いボールを投げ続けても崩れない安定したフォームが勝負のカギ。体幹を使えば、細かいコントロールもラクになる！

バックスイングは横隔膜を上げておく

横隔膜の後ろを上げて腕を振りやすくし、骨盤底筋群の前を下げて下半身を安定させておく。

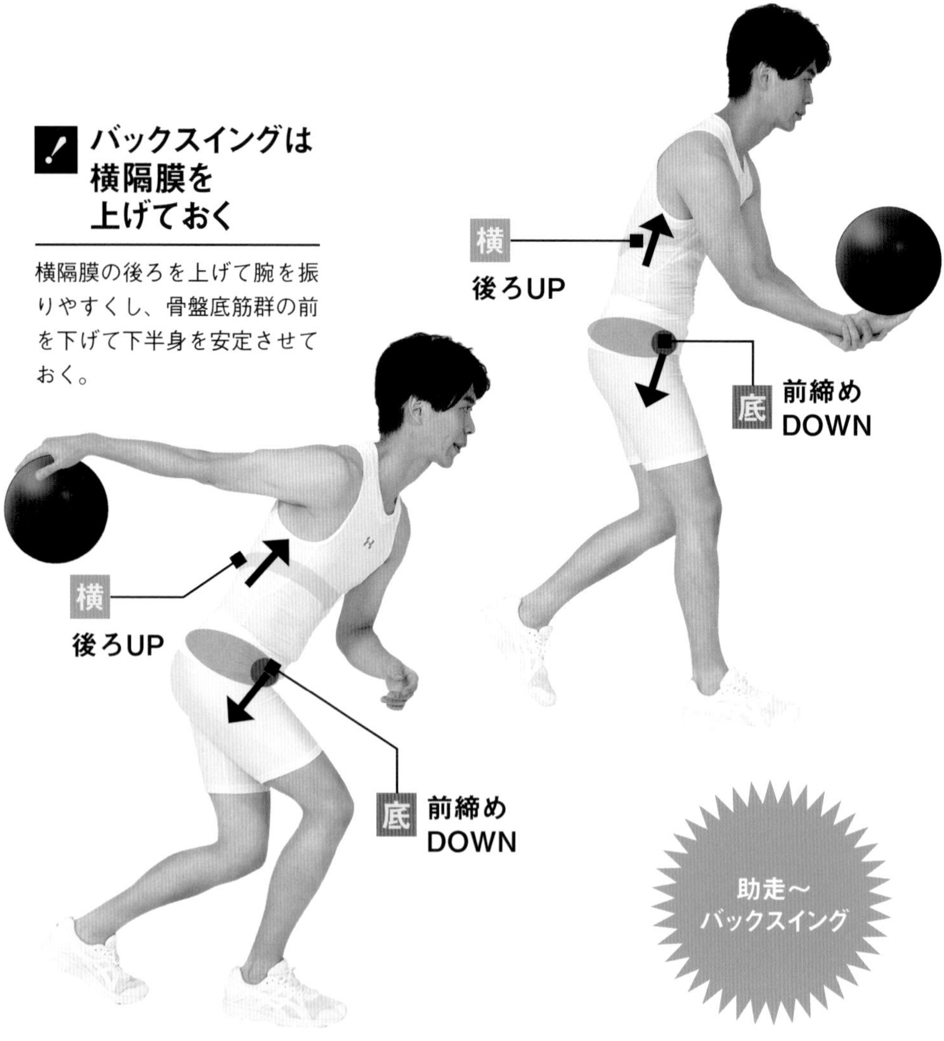
横
後ろUP
底
前締め
DOWN
横
後ろUP
底
前締め
DOWN
助走～
バックスイング

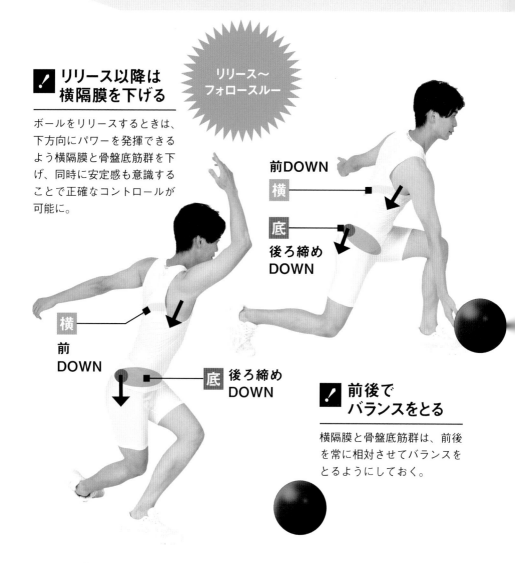

求められる動作の特徴

◎動きのなかでの下半身の安定感
◎重いボールを持ちながら腕を力強く振る
◎片脚支持でも崩れないボディバランス

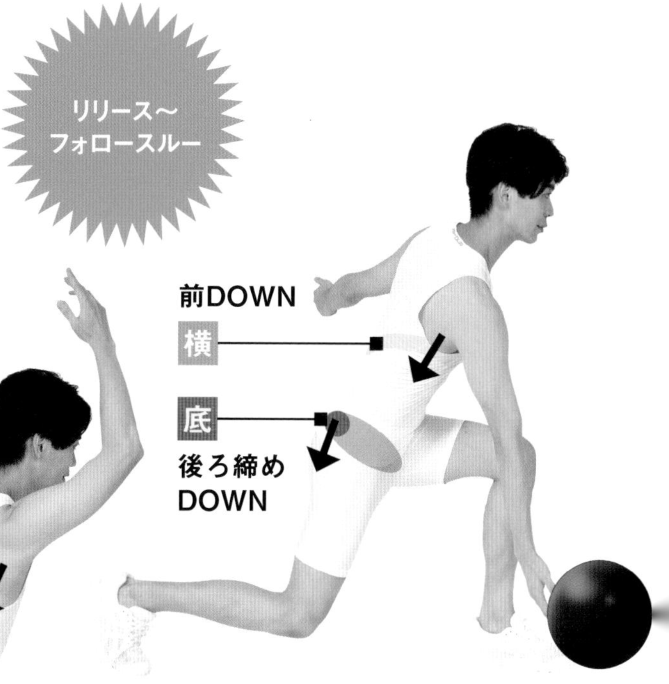

リリース〜
フォロースルー
前DOWN
横
底
後ろ締め
DOWN

リリース以降は横隔膜を下げる

ボールをリリースするときは、下方向にパワーを発揮できるよう横隔膜と骨盤底筋群を下げ、同時に安定感も意識することで正確なコントロールが可能に。

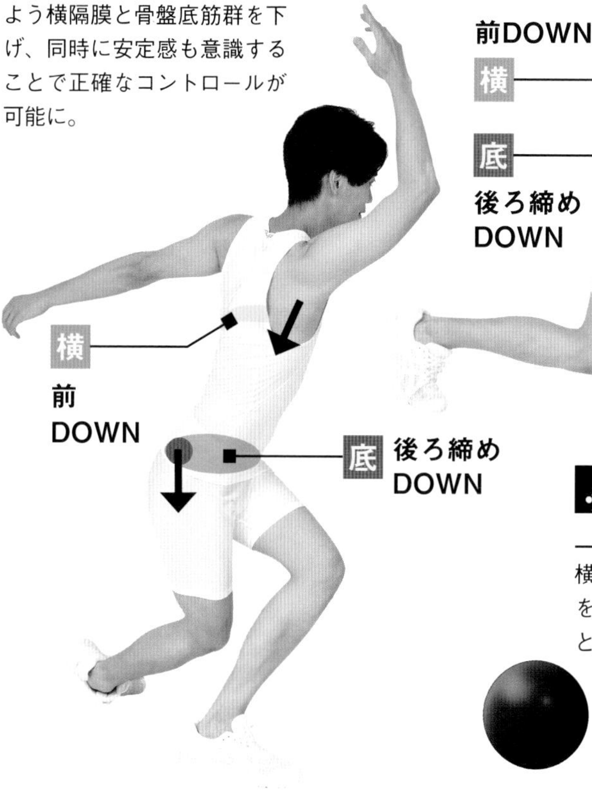

横
前
DOWN
底
後ろ締め
DOWN

前後でバランスをとる

横隔膜と骨盤底筋群は、前後を常に相対させてバランスをとるようにしておく。

おわりに

スポーツを愛するすべての人へ

本書を読み終えたあなたは、おそらく今までの世間一般でいわれていた体幹のイメージとは、まったくの別物の内容で、少し戸惑っているのではないでしょうか?

かくいう私も、はじめてこの事実を知ったときは、衝撃もありましたが、疑いもありました（笑）。

ですが、本書に書かれているワークを自身で実践し、さらに日々行っているパーソナルトレーニングやオンラインレッスンで、クライアントにこの内容をお伝えしていったところ、カラダに変化があった人が数多く出てきたのです。そのなかの一部が、冒頭の「体験者の声」で紹介させていただいた方々です。

本書には、実践するには少し難しい部分もありますが、根気よく続けていくと、カラダの動きに変化が出て、痛みがある人にはその緩和に、運動やスポーツをしている人には、パフォーマンスアップにつながる効果があります。

ですから、毎日コツコツ。1日5分でも10分でもいいので続けてみてください。そうやって続けていくうちに、徐々に感覚がつかめてくると思います。

柴 雅仁

「なぜ、教えていることと違う動作をするのだろう？」

私がクライアントをコーチングしていて感じていたことです。私が指導したことと、実際にクライアントが再現した動作にズレがあり、「この差を埋めるにはどうしたらよいのだろうか？」と突き詰めていった結果、本書で紹介した「使える体幹」のメソッドが生まれました。

動作感覚の再現性について模索していくなかで、ふと体幹をひとつの塊でとらえている人が多いということに気づきました。体幹をひとつの塊とイメージしているせいで、うまく動けない、使いこなせない、思うとおりに動けないという現象が起こっていたのです。

そんなある日、サーフィンのワールド・チャンピオンの「横隔膜をどのように使うかを意識している」という話を聞き、体幹を上下で2分割する方法を思いつきました。体幹を2分割して上下それぞれでの動きのパターンをつかむことで、さまざまなカラダの使い方に応用できると。

さらに、その考えにクロスポイントの理論を加えると、アッパー（体幹上部）とロウアー（体幹下部）の使い分けとコンビネーションがより具体的になり、私自身も、クライアントも面白いほどパフォーマンスが上がっていったのです。

スポーツのなかで特に難しいのが、同じ動作をくり返し再現することです。よい動きを何度もくり返し行うことができないのは、カラダが動く順番を理解していないから。動きの土台となる体幹をどのように使うのかがわかると、脚や腕のコントロールが容易になり、よい動きの再現性が一気に高まります。そのためにも、パフォーマンスを高めたい多くの方々に、今回の「使える体幹」のメソッドを活かしていただけたらと思います。

林 英祐

【著者】
林 英祐(はやし えいすけ)

1976年、東京都生まれ。世界最先端のサーフィン理論とメソッドで、日本人初の海外ナショナルチーム(台湾)のサーフコーチも務めたプロコーチ兼トレーナー。脳科学・体軸理論・バイオメカニクスを駆使し、シンプルかつ実践性の高いカラダの使い方をコンセプトに活動を展開。2010年からサーフィンのコーチングに関わり、延べ2150人以上をコーチング。また、JCMA認定体軸セラピスト®として、カラダの使い方から調整もできる異色のサーフコーチとしてクライアントから絶大な信頼が寄せられている。ISAサーフコーチングLV1&2／JCMA認定体軸セラピスト®。

HP https://www.revwet.com/sbmbook　Twitter https://twitter.com/Revwetsuits
Facebook https://www.facebook.com/Rev.wetsuits

【著者】
柴 雅仁(しば まさひと)

1987年、愛知県生まれ、神奈川県育ち。東京・立川を拠点に活動する「楽に動ける身体を作る」パーソナルトレーナー。ブログ「セルフケアラボ」やTwitter、Instagram等で、痛みのない動けるカラダをつくるための方法を発信。Twitterで公開した「動きを変える10秒アクション」が話題となり、現在11万フォロワーまで増加中。鍼灸師／NSCA認定パーソナルトレーナー／JCMA認定体軸セラピスト®。主な著書に『10秒で絶好調になる最強のストレッチ図鑑』(SBクリエイティブ)、『コリ・痛みが消える 10秒さすり』(池田書店)など。

ブログ https://selfcare-lab.com　Twitter https://twitter.com/PT_shiba

編　集	千葉慶博(KWC)
編集アシスタント	小山まぐま(KWC)
モデル	石山 慶(青山オフィス)、川端マリエ(ブランシェ)
ヘアメイク	MIKE
スタイリング	田中祐子
撮　影	蔦野 裕
イラスト	hiromyan
器物イラスト	朱子弘清
本文デザイン	谷関笑子(TYPEFACE)
編集協力	難波 豊(サイドランチ)
校　正	聚珍社
衣装協力	キャミソール…イージーヨガ／イージーヨガ ジャパン レギンス…ダンスキン／ゴールドウイン カスタマーサービスセンター シューズ…アシックス／アシックスジャパン (問い合わせ先) イージーヨガ ジャパン…03-3461-6355 ゴールドウイン カスタマーサービスセンター…0120-307-560 アシックスジャパン…0120-068-806
体軸理論監修	(一社)体軸コンディショニング協会 体軸コンディショニングスクール 高橋龍三 クロスポイント®
各ワーク	©体軸コンディショニングスクール

面白いほどパフォーマンスが上がる
新しい体幹の教科書

著　者　林 英祐
　　　　柴 雅仁
発行者　池田士文
印刷所　日経印刷株式会社
製本所　日経印刷株式会社
発行所　株式会社池田書店

〒162-0851　東京都新宿区弁天町43番地
電話03-3267-6821(代)／振替00120-9-60072
落丁、乱丁はお取り替えいたします。

ISBN978-4-262-16652-0

21010003